# खुदाई में हिंसा

[कविता-संग्रह]

# खुदाई में हिंसा

बद्री नारायण

राजकमल प्रकाशन

ISBN : 978-81-267-1887-0

**मूल्य :** ₹495



**पहला संस्करण :** 2010
**दूसरा संस्करण :** 2023

**प्रकाशक :** राजकमल प्रकाशन प्रा.लि.
1-बी, नेताजी सुभाष मार्ग, दरियागंज
नई दिल्ली-110 002
**शाखाएँ :** अशोक राजपथ, साइंस कॉलेज के सामने, पटना-800 006
पहली मंजिल, दरबारी बिल्डिंग, महात्मा गांधी मार्ग, प्रयागराज-211 001
वेबसाइट : www.rajkamalprakashan.com
ई-मेल : info@rajkamalprakashan.com

**मुद्रक :** बी.के. ऑफसेट
नवीन शाहदरा, दिल्ली-110 032

KHUDAI MEIN HINSA
*Poems* by Badri Narayan

महुये की स्मृति को

# अनुक्रम

# खुदाई में हिंसा

# समर्पण

मैं जानता हूँ कि कलापक्ष पर बात करना परम धर्म है साहित्य का
पर मैं भूख के कलापक्ष से अभिभूत होने से बचते हुए
उसके राजनीति-पक्ष पर बातें करना चाहता हूँ

इस क्रम में सर्वप्रथम मैं अपने आख्यान में
उस सुग्गे को शामिल करना चाहता हूँ
जिसने सख़्त पहरे के बावजूद जुठा दिए थे
पेड़ पर लटके पके अनार

अपने आख्यान के केन्द्र में उस चींटी को रखना चाहता हूँ
जिसने एक दिन पर्व, त्यौहार, पाक साफ़ का नहीं किया था ख़्याल
और गृहस्थिन की आँखों के सामने
अपने टूँड़ पर
गेहूँ का ढोंका उठा ले गई थी,

इस आख्यान के केन्द्र के बिलकुल पास
मैं उस श्याम रंग चूहे को रखना
चाहता हूँ जो अपने छोटे-छोटे दाँतों से काट देता है काठगोदाम

मैं चाहता हूँ इस आख्यान में कि तिर्यक रेखाओं पर वे गिलहरियाँ हों
जो कई बार सोये शेर की माँद से उठा लाती हैं उसका खाना

लेकिन अपने आख्यान का अर्द्ध भाग
उस आदमी को समर्पित करना चाहता हूँ
जिसने रचे हैं भूख के ख़िलाफ़
महान सिद्धान्त
स्मारक, स्मृति-पत्र, शहीद दिवस के रिवाज से भिन्न
यह पूरा आख्यान मैं उन लोगों को
समर्पित करना चाहता हूँ
जो इस सिद्धान्त पर चले हैं
और भूख के ख़िलाफ़ लड़ते हुए मरे हैं।

# अठारह दिन

न अक्षौहिणी सेनाएँ
न सहस्र कोटि हाथी
मुझे लड़ना पड़ता है
अपने से ही लड़ाई।

कभी भी
कभी तक
कोई समय निश्चित नहीं
जीत-हार कुछ तय नहीं
पहले से कोई तैयारी नहीं।

मैं कटता हूँ, मैं जुड़ता हूँ
मैं मरता हूँ, मैं जीवित होता हूँ।

खन-खन तेग चलता है
छप छप छप तलवार
बज्र, बुर्ज़, बरछा, तगाड़ी
छर छर भर जाता है खून
कविताओं पर

याद है आपको

पिछली बार तो
अठारह दिन तक
लगातार चला था युद्ध।

# अपेक्षाएँ

कई अपेक्षाएँ थीं और कई बातें होनी थीं
एक रात के गर्भ में सुबह को होना था
एक औरत की कोख से दुनिया बदलने का भविष्य लिये
एक बालक को जन्म लेना था
एक चिड़िया में जगनी थी बड़ी उड़ान की महत्वाकांक्षाएँ

एक पत्थर में न झुकने वाले प्रतिरोध को और बलवान होना था
नदी के पानी को कुछ और जिद्दी होना था
खेतों में पकते अनाज को समाज के सबसे अन्तिम आदमी तक
पहुँचने का सपना देखना था

पर कुछ भी नहीं हुआ
रात के गर्भ में सुबह होने का भ्रम हुआ
औरत के पेट से वैसा बालक पैदा न हुआ
न जन्मी चिड़िया के भीतर वैसी महत्वाकांक्षाएँ

न पत्थर में उस कोटि का प्रतिरोध पनप सका
नदी के पानी में जिद्द तो कहीं दिखी ही नहीं

खेत में पकते अनाजों का
बीच में ही टूट गया सपना
अब क्या रह गया अपना।

# समुद्र-गाथा

यह कविता समर्पित है उस कवि को
जो वर्षों पहले किसी चन्द्रग्रहण के दिन
समुद्र के सौन्दर्य पर मूर्च्छित हो
उसके नीले जल में कूदकर मर गया था
एलेप्पी हो या मामल्लपुरम्
कहीं न कहीं निशान के रूप में आज भी
ज़रूर होगा उसका स्मारक

स्मारक हो या न हो क्या फ़र्क पड़ता है
चैंगलपेट के मछुआरों की बस्ती के बाहर
गोल में बैठी युवतियाँ ज़रूर गाती होंगी उसका लोकगीत

मैं उसी की वंश परम्परा का एक कवि
इलाहाबाद से चलकर आया समुद्र से मिलने
मैं प्रतीक्षा में खड़ा रहा कई दिनों तक
कि समुद्र मुझे मिलने का समय देगा,
पर समुद्र की तरफ़ से नहीं आई,
कोई पुकार,
कोई हाँक, डाँक, कुछ भी नहीं,
मेरा समुद्र से सीधा नहीं बन पाया कोई नाता
जैसा उस कवि का बन गया था

मैं तो नारियल के पेड़ों से पूछकर, मछुआरों के जालों
से होते हुए, शंख और सीपियों के बहाने,
लहरों के माध्यम से सन्देश भेजते
समुद्र से सम्वाद की उम्मीद रखता था,

मैं राम नहीं अयोध्या का कि करूँ धनुषटंकार
और समुद्र को बोलने के लिए बाध्य कर दूँ
मैं तो जनतांत्रिक समय में जी रहा एक संवादी नागरिक हूँ
जो समुद्र से बातचीत होने की आशा में खड़ा है
समुद्र मुझे देखता है और उपेक्षा से फेर लेता है आँखें

यह रात का वक़्त है
धीरे-धीरे आकाश पर चढ़ता जाता है चाँद
ठनकती ग़रीबी को नज़रअन्दाज कर
मछुआरिनों का गला फूटता है
हे योद्धा! हे वीर! हे मेरे समुद्र नायक

एक रात बीती दूसरी रात बीती
देखते उसके जल को
कि तीसरी रात!
समुद्र ने धीरे से फरमाया
तीसरी रात,
नाभि प्रदेश से आए हो, पृथ्वी के केन्द्र से
क्या पड़ गई ज़रूरत मुझसे बात करने की
मैं तो खड़ा हूँ तेरे भूगोल के बिलकुल सीमान्त पर
पर्यटक आँखों को छोड़ तेरे लिए मेरी क्या बिसात
न तुम मुझे करते हो याद, न तेरे वेद
चिट्ठियाँ, लैण्डफ़ोन, मोबाइल, ईमेल

मैं तो तेरी चिन्ताओं में शामिल ही नहीं हूँ
तेरे वृत्तांत के केन्द्र में तो बैठी हैं गेंडुर मार
गंगा, यमुना और नर्मदा
तेरे वृत्तांतों के मैं हाशिए पर भी नहीं हूँ

तेरे मंगल गानों में मेरा सन्दर्भ कहीं आता नहीं
पर्व, त्यौहारों में तेरे घर में मेरे लिए
कोई अंश भी काढ़ा जाता नहीं

न मुझमें नहाकर कोई होता है पवित्र
न मेरे किनारे कोई कुम्भ लगा करता है
बोलो, तेरे ब्रह्मा कुम्भ कलश ले यहाँ क्यों आए नहीं
कहा था मेरी दादी ने कि मेरी वंश परम्परा के
1014वें पुरखे ने भोजपत्र
पर कहीं लिखकर रखा था कि
तुम्हारे ब्रह्मा हमारे ही गर्भ से लेकर भागे थे अमृतकलश
पर मैं कैसे कहूँ प्रमाण से
मैं खोजता रहा हूँ न जाने कब से वह अभिलेख
पर वह मिलता ही नहीं
या तो कोई चुरा ले गया, या हर ले गया कोई उसका अर्थ
समुद्र की बातें सुन मैं निरुत्तर
बिलकुल निरुत्तर
शब्द, वाक्य, स्मृतियाँ, पुराण,
कोई भी नहीं दे रहा था साथ
वैदिक, पौराणिक सब बैठे थे चुपचाप
न्याय, वैशेषिक के तर्क भी काम नहीं आ रहे थे
मैं चुपचाप रहा था निहार
समुद्र का रूप

खड़-खड़ करतीं हड्डियाँ
घर्षण करते चाम
मुझे तो उस वक़्त समुद्र महाकवि तिरुवल्लुवर की जुड़ी हुई
फैली हुई दो हथेलियों की तरह लग रहा था

जो मानो अपने जनगण के लिए
अपनी कविता में माँग रहा हो
अन्न, मछली और मांस

आपको पता है—परशुराम के फरसे से आदिकाल में कभी
आहत हुआ था समुद्र
और आज भी उसके उस आहत भाग से रक्त गिरता है

मैंने ध्यान नहीं दिया
पर न जाने कब उसके रक्त की कुछ बूँदें
समुद्री हवाओं के साथ उड़कर आ पड़ीं मेरे कपड़े पर
पूरी यात्रा उसे झाड़ने-पोंछने में बीत गई
मैंने एक रात सपने में नेहरू जी से पूछा
लन्दन में कहाँ से धुलाते थे आप कपड़ा
अगर आप सपने में ही सिफारिश कर दें और
भारत सरकार प्रायोजित कर दे तो
मेरे कपड़े पर पड़ा यह रक्त जल्दी से धुल जाएगा

मैंने खुद धोया कई बार
मैंने कई बार पुरखे कवियों से मदद माँगी
उनके पास भी नहीं था कोई उपाय
धोबी, रंगरेज सब असहाय थे इस मामले में
नेहरू जी बोले नहीं कुछ, बस रहे चुपचाप मुस्काते

स्वामी अरविन्द आए, आकर समुद्र की शान्ति में ऐसा खोए
कि उसके हाहाकार का वो कर न पाए ठीक से पाठ

शंकराचार्य सारे कर्मकांडों की नसेनी लेकर भी भारत के
केन्द्रीय सांस्कृतिक इतिहास में उसे जगह नहीं दिला पाए
अतः समुद्र है हाहाकार, समुद्र में हाहाकार
अगर उसे है ढूँढना तो
नारी देहों, शराब की बोतलों
और रिसॉर्ट्स से अलग
उसके हाहाकार में ढूँढो।

# मोर नाच

नए समय में नए मोर के होने की कविता है
यह जो मोर को ही सम्बोधित है
जो कभी जंगलों में तो, कभी राष्ट्रीय चिह्नों में रहता है।
बदले समय में हे मोर! बस नाचो नहीं,
शिकारियों का मन भी भाँपो
ऐसे शिकारियों का जिन्हें पहचानना नहीं है आसान
शिकारी हो सकता है कोई भी, मोर मेरे प्राण!
पहले के जमींदार का परनाती
कोई पूँजीशाह या उसके स्कूल का साथी
किसी बड़े पूँजीशाह का कोई भी दलाल
आधुनिक भावबोध से लैस किसी मल्टीनेशनल का कोई अधिकारी

मंत्री का साला, किसी सन्तरी का सहबाला
किसी राजनेता के काले धन का रखवाला
उजली कार पर चलता पहने कपड़ा जैसे कोई उजाला
कोई इन्कमटेक्स का अफ़सर आला

कि नव धनाढ्य शेयर बाज़ार का दल्ला
कि किसी दल्ले का दुमछल्ला
कोई न्यायिक अधिकारी
कोई शंकराचार्य, कोई संन्यासी

लम्पट कोई, चम्पू, तूफ़ैल
किसी मठ के महन्त की रखैल।

कोई भी हो सकता है शिकारी

फर्क बस इतना है कि
हो सकता है, कोई शिकार करने के बाद चुप रह जाए
और उछल-उछल अपनी ख़ुशी का इजहार करे कोई
सुनकर शिकार का क्रन्दन
कोई करने लगे नर्तन
जब शिकारियों की नस्ल का हमारे पास कोई
नक्शा ही नहीं है साफ, कोई आँकड़ा, कोई पैमाना ही नहीं है
तो कहीं और कभी भी मिल सकता है शिकारी

जब यह पता करना कठिन हो कि
कार्यपालिका की संरचना में कौन-कौन कहाँ-कहाँ
और कितने-कितने शिकारी हैं शामिल
कि संविधान के किन-किन अनुच्छेदों में
थोड़ी-सी उत्तर-आधुनिक व्याख्या के बाद ही
शिकारियों के पक्ष में तब्दील हो जाने से
बच सकने का माद्‌दा है शेष
कि कौन महामंडलेश्वर, कौन धर्माचार्य मोर-वध का
रचा करता कर्मकांड
कि सभ्यता, संस्कृति एवं राष्ट्रीय एकता के नाम पर
कौन मोरों को आतंकवादी बताने में लगा है
कि कौन मोरध्वज मोरों को बचाने की जगह
उनके मांस के स्वाद के प्रचार के लिए किसी
बहुराष्ट्रीय विज्ञापन एजेंसी के साथ कांट्रेक्ट

साइन करने की योजना बना रहा है।

कि जब पर्यावरण संरक्षण की वैकल्पिक लड़ाई में
करोड़ों डॉलर की परियोजना का माल काट रहा
प्रमुख सचिव के कॉलेज का साथी।

कॉकटेल पार्टियों में शिकारियों के
पी.आर.ओ. की भूमिका निभा रहा है
कि इतना व्यापक और इतना गहरा है शिकारपन का असर
कि कहना कठिन है कि
कौन भला आदमी अपने दैनन्दिन जीवन के किस
क्षण में कहाँ-कहाँ शिकारी में तब्दील होता जा रहा है

कि कौन रानी अपने बिल्डर प्रेमी से
मोर की आँख माँग रही है
कि किस सांसद की कौन बिरहिनि
मोर का पंख माँग रही है

कि जब गांधीवादी ढंग से या अम्बेडकरवादी रंग से भी

मोर को बचाना सम्भव नहीं रह गया हो,
जब शिकारियों की गोली से मोर को बचाने
की लड़ाई को कलावादियों का
पक्ष साबित किया जा रहा हो

जब मोर को बचाने की लड़ाई को
किसी भी तरह जनतांत्रिक सिद्ध करना
सम्भव ही नहीं रह गया हो

जब अशोक के शिलालेख पर चिह्नित मोर
संसद के पीछे एक कोठी की रसोई में
पकने लगा हो
ऐसे में मोरों को
ऐसा मिले आत्मविश्वास
कि वे आगामी संघर्ष में किसी और को नहीं बल्कि
अपने को ही
प्रतीक बना
साज सकें एक बड़ी लड़ाई
और मोरों से ऐसा भर दें आकाश
कि आकाश का रंग ही बदल जाए

मोर चाहे मेरे मन के हों या सावन के बाग के
सोचें, सजग हो और सचेत
हो जाएँ!

## सुभाषनगर

शहर इलाहाबाद में है एक नगर सुभाषनगर
रईसों की बस्ती और नगर कोतवाल की कोठी के ठीक बीचोंबीच
कहते हैं यह बस्ती
इस शहर को बनानेवालों की बस्ती है
राय साहब टण्डन जी की हवेली
इस शहर की शान है
जो इसी बस्ती के सूदन के बाबा ने बनाई थी
सूदन स्वयं था गणनायक, सिविल लाइन में बनने
वाले सबसे सुन्दर एवं महँगे माल का
कहते हैं कि सूदन के बाबा इतने अच्छे राजमिस्त्री थे
जिन्हें बुलाने अंग्रेज़ भी चलकर उनकी
झोंपड़ी तक आते थे

सुभाषनगर मुहल्ला है ऐसे लोगों का
जिन्होंने बनाई हैं वे सड़कें
जिन पर वे निश्चिन्त हो चल नहीं सकते

इन्होंने जो पार्क बनाए हैं उस पार्क में वे फुरसत
के क्षण बिता नहीं सकते

जो भवन, जो अपार्टमेंट्स वे बनाते हैं

उसमें नहीं होती उनके लिए कहीं इंच भर भी जगह

किन्तु ठीक से जान ले नागरिक समाज
अगर शहर है तो उन्हें नहीं किया जा सकता कभी शहर बदर

ज्यों ज्यों बनेंगी पॉश कालोनियाँ
उनके बीच के कूड़ा फेंके जानेवाली जगह पर
वे महफूज हो बना लेंगे अपनी बस्तियाँ
जहाँ से कोई तोप, कोई पुलिस उन्हें हटा नहीं सकती
नगर निगम उनके रहने के अधिकार को
अवैध मानकर भी अवैध ठहरा नहीं सकती

जैसे जैसे बढ़ेगा शहर
वैसे वैसे बढ़ेंगे सुभाषनगर
वे शहर की अभिजात्यता के ख़िलाफ़
उसकी ज़रूरत बन बढ़ेंगे
वे रहेंगे इस शहर के नागरिक समाज के
भीतर अपराधबोध बनकर
वे भारतीय आजादी की साठ साल की आलोचना बन बढ़ेंगे
वे उभरेंगे शालीन चेहरों की शालीनता के ख़िलाफ़ उस पर गुम्मड़ बनकर
लोकतंत्र के चेहरे पर दाग बनकर रहेंगे

वे रहेंगे शहर के इतिहास में इतिहास के ख़िलाफ़
वे शहर के भूगोल का प्रतिरोध बनकर रहेंगे

रहेगा सूदन तो रहेंगे सूदन के बाबा भी
वे सब शहर की बनी बनाई परिभाषा को
तोड़ते हुए रहेंगे।

# चूहे

उगना पहाड़ी के पीछे
सूर्य के ढल जाने के ठीक बाद
जब गृहणियाँ गा चुकी होती हैं संझा
जब पराती का समय बीत चुका होता है
जब समय अपनी खाट की ओर धीरे-धीरे
सरक रहा होता है
जब चोर रात की कारवाई की अपनी योजना को
अपनी कल्पना में दे रहा होता है अंजाम

किस घर में कत्ल होना है आज की रात
किस घर में होना है बलात्कार
जब बगल के थाने का दीवान अपने अधूरे रोज़नामचा को
पूरा कर रहा होता है

जब चाँद तारों से जा रहा होता है बतियाने
जब पृथ्वी शयन-गृह में जाने के पहले छुपकर रुपहली साड़ी
बदल रही होती है

एक चूहा अपने अँधेरे बिलों से निकल
घुप्प स्याह रात में
चुपके-चुपके लोगों के घरों में घुस कुछ कर रहा होता है

नहीं आती तनिक भी उसके पाँवों की आवाज़
चूहा क्या कर रहा होता है
न कोठी काट रहा होता है, न भंडार
न अन्न, धन, सोना चुरा रहा होता है
वह कर रहा होता है घरों में इधर-उधर बिखरी
कुछ कहानियाँ इकट्ठी

कभी राजा के घर में घुसकर
कभी रंक के घर में
कभी चैतू, होरी, मंगरू के घर में पिछवाड़े घुसकर
कभी राजा के साले की खाट के नीचे छुपकर
कभी जनतंत्र के दरवाज़े में बनी भूरों में घुसकर
कभी समाजवाद के बडेरे पर चढ़कर
कभी कभी छुपकर पूँजीतंत्र की ऐशगाहों में
एक औरत जो आज की रात बुरी तरह पीटी गई है
अपने पति से
उसकी आँखों की कोरों पर बैठकर

ठीक गणतंत्र दिवस की रात
गणतंत्र दिवस की फटहिल चुटहिल काया में घुसकर
बम्बई के हीरो और कलकत्ता के जीरो की
कहानियाँ बटोर रहा होता है

बटोर रहा होता है और अपने टाट की झोंपड़ी में
जमा कर रहा होता है

इतने इतने जतन से चूहे ने जुटाई कहानियाँ

हे पाठक लोगो! एक दिन आई तेज़ आँधी
और उड़ गई उसकी झोंपड़ी की टाटी
झोंपड़ी की टाटी के टूटते ही हे पाठक लोगो!
उड़कर उधिया गईं उसकी सारी कहानियाँ
उन्हीं कुछ कहानियों में से ही हे पाठक लोग!
कुछ उड़कर मेरे तक आ गईं
जिन्हें मैं गा रहा हूँ
बिन राग, बिन लय, बिना बालाघात के
आपको सुना रहा हूँ।

# बात

नदी में मछली नहीं रहती है
बल्कि मछली की आँखों में
नदी रहती है
यह बात हम दो ही जानते थे
एक मैं
दूजा चिलिका घाट का मछुआरा
इस सत्य को लोगों तक फैलाने के शक में
मछुआरा तो पुलिस की गोलियों से मारा गया
और मेरे भीतर
कई बार हुई हत्यारों की घुसपैठ
इस बात की हत्या के लिए
पर मेरे भीतर बची है यह बात
और बची रहेगी।

## नदी गीत

शहर में बहती या गाँव में
वह नदी होती,
अगर उसमें मछलियाँ होतीं
तांतों के विरुद्ध लड़ती हुईं
जालों को करती हुईं ध्वस्त
बन्धनों को छिन्न-भिन्न करती हुईं,
वह नदी होती
अगर उसमें नावें
पानी के भीतर या
पानी के बाहर भी,
धाराओं, दबावों एवं चक्करघिन्नियों के ख़िलाफ़,
रौंदती चलती होतीं

अगर उसमें मछुआरा न केवल गाता,
बल्कि ठेकेदार, सरकार एवं हत्यारे के ख़िलाफ़
धरने में शामिल होता
अगर वह पृथ्वी, गगन, पाताल को एक कर पाती,
अगर भागीरथी मात्र ऊपर से ही आती नहीं नीचे,
नीचे से भी ऊपर जाती
अगर वह विष्णु के नहीं,
हलखोर के भी पखारती पाँव

जो ब्राह्मणों से ज्यादा
भंगियों की बस्ती तक जाती
जिसमें हाथी पर सवार मानिक दा तो नहाते ही
जो निर्बल, थकित, घायल एवं उदास के लिए भी
बिछ बिछ जाती

वह सचमुच नदी होती,
अगर वह नदी के बने बनाए अर्थों से थोड़ा हटकर बहती।

# चिड़ियों के निष्कासन के ख़िलाफ़ एक बयान

कितनी तेज़ी से
कविताओं से चिड़ियाँ गायब होती गई हैं

कितनी तेज़ी से गायब होते गए हैं
कविताओं से पेड़
मैं हतप्रभ हूँ देखकर
कि कितनी तेज़ी से गायब हुए हैं कविताओं से
पोखर और तालाब
मैं आज तक यह समझ नहीं पाया
कि क्यों कविताओं से गायब होता गया है
ग़रीब-गुरुबा आदमी
हाल के सालों में जिन-जिन ने लिखी हैं
ग़रीबी पर कविताएँ
वे क्यों देशनिकाला काट रहे हैं
कोई कलप कलप कर रहा है गुज़ारा
कई को गुमनाम होना पड़ा है
कई को नदी में डूबकर करनी पड़ी हैं आत्महत्याएँ
लेकिन ये जो दिख रहे हैं ग़रीबी के ख़िलाफ़ सनातन संघर्ष में लिप्त
ये कौन लोग हैं
खाए जा रहा है मुझे यह सवाल
मैं पीछे का इतिहास उलट कर देखता हूँ

देखिए
कितनी तेज़ी से खारिज हुई हैं
कविताओं से माँ और प्रेमिका की यादें
अब ठीक से याद नहीं कि
कब से हुआ
सत्तर के दशक से या अस्सी से
कविता के इतिहास में आ गया एक ऐसा मोड़
कि मध्यवर्गीय इच्छाओं के ख़िलाफ़ प्रतिरोध
लगभग असम्भव-सा हो गया
छा गईं ए.सी. की टिकटें, छा गया हिन्दी कविताओं का
विदेशी भाषाओं में भदेस अनुवाद
चुप्पी, चीख, सिसकी, गान
कविताओं में सारे भाव व्यर्थ हो गए
न जाने भाषा अन्धी हुई
कि प्रतीक बहरे
कि पाठक ही गूँगे हो गए
या हिन्दी समाज को लग गई सुनबहरी
कितनी तेज़ी से कविताओं में सब कुछ बेअर्थ होने लगा है
यह ज़रूर इस सभ्यता का सर्वग्रासी संकट है
कि शब्दों से अलग हो गए हैं भाव।

# कि उन्हें

चिड़ियों को क्यों दुख, क्यों दुख
चिड़ियों के झुंड को
पेड़, पत्ते और घोंसलों को क्यों दुख है
कि उन्हें सासुर का दुख
कि नइहर का
कि उन सबका भी कोई न कोई
चला गया है परदेस
कि उन्हें रोटी का दुख
कि उन्हें दुख नौकरी का
कि उन्हें जरा-मरण का दुख है
कि उन्हें दुख संयोग-वियोग का
कि उन्हें दुख ऋण का

कि दुख है धन का
कि उन्हें बारिश की रात में छान चूने का दुख है
कि उन्हें है शिकारी का दुख
कि दुख है शिकार का,
कि उन्हें ग़रीबी का दुख
कि दुख है चक्रवर्ती सम्राट का,
कि उन्हें अँगूठी से मणि के खोने का दुख है
कि जिस व्यवस्था में वह बँधे हैं

उन्हें उस व्यवस्था का दुख है
कि उन्हें है दुख गुलामी का
कि आज़ादी का दुख है
कि रोज़-रोज़ अपने ऊपर होने वाले उन बातों-प्रतिघातों का दुख है
कि उन्हें है दुख संसर्ग-विसर्ग का
कि उन्हें कपड़े-लत्ते का दुख है
कि दुख है, राज-पाट खोने और पाने का
कि उन्हें नमक-तेल का दुख है
कि उन्हें है सृष्टि का दुख
कि उन्हें दुख है भावी प्रलय का
कहीं बन-बनकर फ़ना हो जाने का दुख तो नहीं छाया है उनके
वजूद पर
कि वे जिस समय में रह रहे हैं
उन्हें उस समय का दुख है
कि उन्हें अपने गले पड़े अपने ही
व्यक्तित्व का दुख है
कि उन्हें दुख है उसी व्यक्तित्व के विलोप होने का
ब्रह्मवेला में सारंगी पर बजने वाला दुख
मात्र एक भाव नहीं है जोगी
मात्र एक राग नहीं है।

## बच्चे का गीत

काठ का घोड़ा लाने गए
पिता नहीं आए
सोने की चिड़िया लाने गए पिता नहीं आए
नीले सपने लाने गए पिता नहीं आए
दादी की पुतली और बाबा के ढाँढस
मेरे पिता अब तक नहीं आए
कत्थई गिलहरी लाने गए
पिता नहीं आए
माँ की फहराती साड़ी के सबुज रंग मेरे पिता
अब तक नहीं आए
हरा तोता बनकर गए पिता नहीं आए
सपने का मृग लाने गए पिता नहीं आए
पिता आए तो उनकी लाश आई
तृतीय श्रेणी के डब्बे में
शौचालय के पास की थोड़ी जगह में
लिटाई हुई।

## मछली

दुख हुआ जानकर कि
सूख गया मानिकपुर का तालाब
मानिकपुर के तालाब में एक मछली रहती थी नीली
जिससे मेरी ख़ूब दोस्ती थी
उसका क्या हुआ
कुछ का कहना है कि
जब धूप में सूख कर उड़ रहा था तालाब का पानी
तब वह भी सूखती, पटपटाती, भुनती हुई
हवा में उड़ी थी
जब वह उड़ी थी हवा में तड़पती, ऐंठती, छटपटाती
तो वह कहीं न कहीं तो गई ही होगी
हम तो चले जाते हैं भाग कर
गाजियाबाद, नोएडा, नासिक, सूरीनाम
वह कहाँ गई लोगो, वह कहाँ गई,
वह भाप बन गई या गिरी जल कर
फिर से किसी तालाब में
कि उसे किसी धन्ना सेठ ने पानी के लिए
तरसा कर अपने तालाब में पोस लिया
कि वह गिरी जाकर राष्ट्र की प्रथम महिला
के शृंगारदान में

कि वह गिरी किसी तस्कर के वृहद प्लान में
जिसने कि कब्जा कर ली उसकी देह
बेच दिया उसके प्राण को
यह भी हो सकता है कि वह जाकर गिर गई हो
किसी हत्यारे की गहरी नींद के सिरहाने
एक लड़का जो प्रायः उस तालाब के किनारे
घूमता रहता था
कहा—नहीं! नहीं!
वह जा गिरी थी एक मछुआरे की हथेली पर
जिसने उसे एक लड़की में तब्दील कर दिया
जो आज भी रहती है
प्राणपुर गाँव में
अपने मछुआरे के लिए
किसी और तालाब की
रोहू रीन्हती हुई
उसमें डालने के लिए सरसों का मसाला
पीसती हुई।

## कटनेवाले मांस के लिए एक बाज़ार गीत

मैं मानुष हूँ मेरे शरीर में हड्डियों के साथ
मांस बने और सुरक्षित रहे यह मेरा है अधिकार
पर यहाँ इस विषय पर
कुछ भी नहीं था साफ़
तेजेड़ियों और मन्देड़ियों में गहरी साँठ-गाँठ थी
साँठ-गाँठ थी कि मेरा मांस
ऊँचे भाव में विश्व बाज़ार में बिके
वे सेन्सेक्स गिरा रहे थे, सेन्सेक्स में भर रहे थे उछाल
पूरे बाज़ार में वे मचाए थे अफरा-तफरी
कोई कुछ समझ नहीं पा रहा था
कभी पूँजी बाज़ार हो रहा था क्रैश
कभी खुलकर बन्द हो रहा था
मेरे शरीर से मांस निकालना पूँजी बाज़ार को स्वस्थ
रखने के लिए कितना आवश्यक है
यह साबित करने के लिए उन्होंने पूरे बाज़ार में
अजब अनिश्चितता फैला रखी थी
दुनिया भर की संगठित पूँजी टपका रही थी लार
मेरे मांस से ज़्यादा से ज़्यादा पूँजी बनाने के लिए।
सत्ता के चारों पाये
नाच रहे थे ठुमक-ठुमक
देखिए, देखिए यह पूँजी की अद्‌भुत शक्ति

कि भहरा रहे थे पर्वत, टूट रहे थे आकाश

वे हैं इतने शक्तिवान कि किसी के जीते जी ही
मरने का लिख सकते हैं पयान
हालाँकि वे मेरे जीने के ख़िलाफ़ नहीं थे
पर मेरा मांस उनके आर्थिक साम्राज्य के लिए
इतना ज़रूरी था कि
वे करना चाहते थे मेरा शिकार, किसी भी कीमत पर,
सटोरियों की राय थी कि इनके दिल के
करीब के मांस से बने
प्रोडक्ट शेयर बाज़ार की बिकवाली में सबसे ऊपर जाएँगे

इस बात से क्या फ़र्क पड़ता कि
मैं उन्हें अपना मांस निकालने देने के लिए तैयार
होता कि नहीं
जब इन्वेस्टर, शेयरधारक, सटोरिए संगठित पूँजीशाह
सबने बाज़ार का रुख भाँप ही लिया था।
और भाँप लिया था बाज़ार में मेरे मांस की बिकवाली का भाव
तो मेरे तन से मांस काट-काट
बेचने से उन्हें कौन रोक सकता था
मांस भी कटे पर कोई कह न पाए कि मैं
इस बाज़ार में साबुत नहीं हूँ, कि काटा गया मेरा मांस

इसके लिए सरकार और बाज़ार साथ-साथ कुछ कर रहे थे

पर अभी तक घटनाक्रम साफ़ नहीं है श्रीमान,
अभी तक हुआ नहीं है पटाक्षेप
हो सकता है कल दोपहर तक परिदृश्य साफ़ हो
और मेरे जिगर के मांस के शेयर
बाज़ार में खुलें और धड़ल्ले से बिकें।

# शहतूत की पात

न्यूयॉर्क में बिक रही शहतूत की पात
मैं तुम्हें पहचान गया
तुम भागलपुर से आई हो न
आया हूँ मैं भी तुम्हारे ही देश से
अरे! वही आरा-बिहार
देखो न शहतूत की पात तुम्हें
कितने लोग खरीद रहे हैं, यूरो-डॉलर दे-दे
ये तुम्हारा क्या करते होंगे?
तुम से निकालते होंगे रेशम
कि अपनी चाँद-सी प्रेमिका को तुम पर लिटाकर
करते होंगे प्यार
कि साहेब-सूबा तुम्हें धाँग-धाँग चलने में
पाते होंगे कोमल पात पर चलने का सुख
कैसे तुम सैकड़ों मील चली आई हे शहूतत की पात,
हवाई जहाज से कि पानी के जहाज से
कि तुम्हें कोई पलटन, कोई बटालियन लाई
कि एजेंट व्यापारी लाए अपने साथ
तुम हाल-फिलहाल आई हो इस बाज़ार में
कि तुम्हें यहाँ आए हो गए कई सौ साल

अभी ग्रीन कार्ड बना कि नहीं

अभी व्हाइट हाउस में चाय के लिए आमंत्रण
मिला कि नहीं
तुम अपने साथ अपना परिवार भी लाई हो
कि मेरी तरह लाई हो सिर्फ़ उनकी याद
वे ही रोते होंगे तुम्हारे लिए कि मेरी तरह
तुम भी रोती हो
उन्हें करके याद
अच्छा, एक बात बताओ
तुम्हारा जो बना है यहाँ बाज़ार मूल्य
उसमें उनसे बिछुड़ने का हरजाना भी
कहीं जुड़ा है कि नहीं

हे शहतूत की पात! जैसे मेरे बिन सूखकर
काँटा हो गई थी मेरी माँ
वैसे ही तुम्हारे तने, शाख और वृक्ष
सूख गए होंगे
यूँ तो अब तुम्हारे लौटने की सम्भावना है कम
पर अगर तुम लौटीं भी
तो कहाँ फहरोगी मेरी शहतूत की पात।

# सौदागर का मानर

विज्ञापनों से निकल एक शेर
मेरे चाँद को ले बाज़ार की ओर जा रहा है
सफ़ेद कपड़ों में संसद से निकलता हमारा गृह मंत्री,
बड़े विदेशी व्यापारी के संग यह देख
ताली बजा रहा है

मन मेरा हो रहा है अंग्रेज़
तन मेरा हो रहा है अंग्रेज़
जेट लेट की किताब में एक फोटो में छपी
हिरणें जिन्हें अपने हिरण होने के अर्थ में थोड़ी तब्दीली
करते हुए
शेर को रोकना चाहिए था, लामबन्द हो उसे घेर लेना चाहिए था
वे खजुराहो में पत्थर चाट रही हैं
हिरणो अरज करूँ मैं तोंसे
अपने चाँद को बचा लो
चाँद को बचा लो हिरणो चाँद के अर्थ को बचा लो
चाँद के अर्थ को बचा लो अर्थात, एक कवि को बचा लो
एक कवि को बचा लो अर्थात
रेत, पानी और बाजरे के खेत के लिए
अपनी लड़ाई को बचा लो
अपनी लड़ाई को बचा लो हिरणो

अर्थात अपने को बचा लो
अपने को बचा लो
अर्थात अपनी आत्मा को बचा लो
तेरी आत्मा की नीलामी की मुनादी हो रही है हिरणी
देख उधर हिंस्र सौदागर
बजा रहा है धीरे-धीरे मानर।

# बाज़ार में देह—देह में आत्मा

पता नहीं कहाँ से आती है आत्मा
हवा में उड़ती हुई
या पूरब दिशा से चलती हुई
कि इन्हें रखता है हमारे देह में भगवान
कि इन्हें माँ डालती है
कि हममें इसे रचता है संसार

मेरी देह में इतनी क्रूर आत्मा
मैं कैसे रहूँ
गड़ती है ये तेज़ चाकू के समान
मेरे कोमल मन को हतती हुई
मेरे आदमी को भयानक भोगी बनाती
भयानक हत्यारे में तब्दील करती हुई

मुझे इस तब्दीली का प्रायः नहीं हो अहसास
पर अगर याद करूँ तो
एक बार जब मुझे इसका हुआ था
अहसास
तो महीनों मैं मलेरिया में पड़ गया था
खून की उल्टी आने ही वाली थी
कि उसे डाक्टर ने रोक लिया था,

यह आत्मा मेरी कभी राजा बन
मुझ पर आदेश चलाती
कभी बन के महाव्यापारी
मुझे बीच बाज़ार में बेच आती
इसके पास आरी है, कुल्हाड़ी और
बंसुली है
ये बढ़ई की तरह मुझे काटती
कभी लोहार के मानिन्द
मेरे मन को अग्नि में तपाती,
बताइए न इस आत्मा का क्या किया
जा सकता है
या तो इसमें बम बाँध इसे उड़ाया जा सकता है
या किस्मत का पिंजड़ा खोल
इसे भगाया जा सकता है
पता नहीं औरों को होता है कि नहीं
पर इधर लगातार हो रहा है
मुझे मेरे आदमी के मरण का अहसास
बच सको तो बचो मेरे आदमी
अपने भीतर आकार ले रही
अपनी इस क्रूर आत्मा से।

## सब चुप थे

मेरे कुरते में जेब तो थी
पर जेब के पास पैसा नहीं था
तनख़्वाह मिलने तक के लिए पड़ोसी से
माँग लिये पैसे उधार

ट्रेनें तो कई थीं पर ट्रेनों के पास मेरे जैसों के लिए
टिकट नहीं था,
कुछ जुगत किया, कुछ जुगाड़
सौ रुपया ज्यादा दे किसी तरह टिकट बनवा लिया
निकल पड़ा भुवनेश्वर श्री राधा को खोजने।

उतरा स्टेशन पर और खोजने लगा घूम घूम कर
सकल भुवनेश्वर में,
भुवनेश्वर जैसे पूरी पृथ्वी
भुवनेश्वर मानो पूरी सृष्टि

कहाँ मिलेगी श्री राधा?
पता जो रामाकान्त बाबू ने अपने काव्य में दिया था–
'श्यामा श्याम कृपालु भवन
न्यायनगर चन्द्रशेखरपुर भुवनेश्वर'
वहाँ से कई बार चार-छह महीने बाद तक भी

लौट आए थे मेरे लिखे कई कई पोस्टकार्ड
शायद वहाँ कोई उन्हें रिसीव करने वाला ही नहीं था।
फिर भी मन नहीं माना
सोचा चलो, एक बार कोशिश करते हैं
खोजते-खोजते उस पते पर पहुँचा
तो पता चला अभी अभी श्री राधा
घने कुहरे में प्रेमगीत लिखने अपने प्रेमी संग
मोटर साइकिल पर बैठ कहीं निकल गई है
पेड़ों पर गेरू से लिखे तो हैं उसके नाम
पर वह कहीं नहीं है

पिंजड़े होते हैं, पिंजड़े में सुग्गे होते हैं
पर यहाँ अजब अचरज है लोगो
यहाँ एक हरा सुग्गा अँगौछा और बंडी पहने
एक आदमी के कन्धे पर बैठ चुग चुग कर चना खा रहा है
मैंने सोचा चलो—इसी आदमी से पूछें
शायद यह श्री राधा का सही ठौर बता दे।

बता दे कि किस पहाड़ की किस चोटी पर या किस जंगल के
किस बरगद के नीचे, उड़कर अपने प्रेमी संग
बैठी श्री राधा कृपालु महाराज के चंगुल से
और रामाकान्त बाबू की पंक्तियों से आज़ाद हो
इस वक़्त चैन की साँस ले रही है

अब मुझे समझ आया कुछ-कुछ यह राज़ कि
रामाकान्त बाबू द्वारा दिए पते पर
वह मेरी चिट्ठी क्यों रिसीव नहीं कर रही थी
हो सकता है वह अपना ऐसा पता न चाहती हो

या हो सकता है वह न चाहती हो अपना कोई भी
निश्चित पता, हो सकता है वह अपने लिए
एक अनन्त आकाश चाहती हो।

वह शायद इससे भी नाराज़ हो कि
मैं उसे ढूँढने भुवनेश्वर ही क्यों आया।
कन्धे पर सुग्गा बैठाए उस आदमी ने
एक लम्बी साँस भरते हुए कहा
नहीं! बात यह नहीं है!
न जाने किस बवंडर संग उड़कर आई थी

उस रात कन्धमाल में एक भयानक आग
उसी में जल कर मर गई श्री राधा!

मैं हताश हो गया, मेरी आँखों में आ गए आँसू
यह कैसे हो सकता है!
वह कैसे मर सकती है मेरा जीवन
सकारथ किए बिना
अगर मैं हुसैन होता
तो माधुरी नहीं,
तो ऐश्वर्या
ऐश्वर्या नहीं तो दीपिका,
मन को मना लेता
पर मैं ठहरा ठेठ किसान की औलाद
जिसे चाहा उस पर ही जीवन गँवा देने वाला
मैंने पेड़ों से पूछा, सड़क पर गिर रहे पत्तों से पूछा
साँझ में बह रही झुर-झुर हवा से पूछा
पूछा आकाश में उग रहे पूर्णिमा के चाँद से!

सब चुप! कोई कुछ बोल ही नहीं रहा था
घने कोहरे में सड़क किनारे बने झोंपड़े में
अर्द्ध वृत्त बनाए तीन बच्चे
बार-बार बुझ जाते पत्तों से
आग जलाकर तापने की कोशिश में लगे थे
एक के हाथ में था खाली पेप्सी का डिब्बा
एक के हाथ में किसी के द्वारा फेंका गया
कैडबरी का रैपर था
एक कुहरे में ढूँढ़ रहा था कुछ
मैंने उनसे पूछा, बच्चो! कहीं देखा है
तुमने श्री राधा को!
एक बच्चा जो शून्य में कुछ खोज रहा था
बोल उठा श्री राधा को बेच दिया!
मैं अवाक्!
पूछा मैंने—किसने?
राजा कहो या कह लो सरकार
फिर तीनों ज़ोर-ज़ोर से चिल्लाने लगे
'राजा का हाँथी धँस गया
राजा हमारा फँस गया'
श्री राधा को बेच दिया, ऐसा मानने को मेरा
मन कभी भी हो नहीं रहा था तैयार
मैंने जाँचने के लिए पूछा, किसको बेचा
अब यह तो हम नहीं बता सकते
किसी पत्रकार या किसी अख़बार से पूछो
अख़बार ने कहा—विक्रम बेताल से पूछो
विक्रम बेताल ने कहा
अपने यहाँ के अशोक सम्राट से पूछो
अशोक ने कहा समुद्र से पूछो

समुद्र अगर न बोले
तो सूख गई नदियों की धार से पूछो
मैंने सम्राट अशोक से थोड़ी और की
चिरौरी तो
उसने कहा ठहरो! अभी भगवान बुद्ध से
मोबाइल पर पूछ कर बताता हूँ।
बुद्ध ने कहा हे श्रमण! मुझसे क्या
लॉर्ड ओबामा की रखैल से पूछो
उस तक न पहुँच पाओ तो
एम.एन.सी. के किसी पी.आर.ओ. से
थोड़ा कोशिश करो पाने का राज़
कुछ तो अशोक सिंहल जी को भी पता होगा
अगर पहुँच सको तो चाकू, त्रिशूल
लिये जंगल में घूमते गोंडा से यहाँ आए दारासिंह से पूछो,
उसे भी होगा कुछ-कुछ भान!

मैं बहुत चक्कर में पड़ा
बहुत परेशान

जब हर तरफ़ से हार गया तो सीकली के
पेड़ के नीचे खड़ा हो फूट-फूट कर
रो पड़ा।

एक आई.टी. कम्पनी की कार पर जा रही
लड़की, मुझे रोते देख
हल्के से मुस्काई, खिड़की से आ रही हवा में अपने लम्बे
बाल हल्के से लहराई
और हवा सी तेज़ गति से
मेरे सामने से गुजर गई।

## मुस्कान

मुस्कराहटों के अनेक प्रकार होते हैं
रानी की मुस्कान और फूलकुमारी की मुस्कान की
हो चुकी हैं अनेक चर्चाएँ
मेरे घर के ठीक बगल की पासी बस्ती की सलोनी औरत की
उस मुस्कान को भी महत्त्व मिलना चाहिए
जो ठर्रा पीकर ख़ूब हँस लेने के बाद
नशे के उतार के निर्मल क्षणों में पड़ोसन से अपने
प्रेम की बात करते उसके होठों पर आई थी
मैं नकारता हूँ मुस्कानों के बने बनाए इतिहासों को एक सिरे से नकारता हूँ
मोनालिसा की मुस्कान मुझे कभी अच्छी नहीं लगी
हालाँकि कला समीक्षकों ने इस पर बार-बार कसीदे पढ़े हैं
अकेले में आई हल्की चन्द्ररेखा-सी मुस्कान पर
कालिदास लिख सकते हैं कविताएँ
निर्वात में निरपेक्ष मुस्कान की, हमारे स्वामी जी
तारीफ़ कर सकते हैं
और लुईस चौदहवें की पत्नी की मुस्कान पर अख़बारों में
कॉलम लिख सकता है सत्य का ज्ञाता कवि
हिटलर की प्रेमिका की मुस्कान को सबसे सुन्दर मैं बता नहीं सकता
मैं क्या करूँ
मैं चाहता हूँ कि कैसे उलट दूँ मुस्कानों के इस
दमनकारी इतिहास को
और पसन्दों की बहस को ऐसा उलथा कर दूँ
कि सलोनी पासिन की मुस्कान उसके शीर्ष पर आ जाए।

# आप उसे फ़ोन करें

आप उसे फ़ोन करें
तो कोई ज़रूरी नहीं कि
उसका फ़ोन ख़ाली हो
हो सकता है उस वक़्त
वह चाँद से बतिया रही हो
या तारों को फ़ोन लगा रही हो

वह थोड़ा धीरे बोल रही है
सम्भव है इस वक़्त वह किसी भौंरे से
कह रही हो अपना सन्देश
हो सकता है वह लम्बी, बहुत लम्बी बातों में
मशगूल हो
हो सकता है
एक कटा पेड़ कटने पर अपने होने वाले
दुखों का उससे कर रहा हो बयान

बाणों से बिंधा पखेरू
मरने के पूर्व उससे अपनी अन्तिम
बात कह रहा हो

आप फ़ोन करें तो हो सकता है

एक मोहक गीत आपको थोड़ी देर
चकमा दे और थोड़ी देर बाद
नेटवर्क बिजी बताने लगे
यह भी हो सकता है एक छली उसके
मोबाइल पर फेंक रहा हो
छल का पासा

पर यह भी हो सकता है कि एक फूल
उससे काँटे से होने वाली
अपनी रोज़-रोज़ की लड़ाई के
बारे में बतिया रहा हो
या कि रामगिरि पर्वत से
चल कोई हवा
उसके फ़ोन से होकर आ रही हो
याकि चातक, चकवा, चकोर उसे
बार-बार फ़ोन कर रहे हों

यह भी सम्भव है कि
कोई गृहिणी रोटी बनाते वक़्त भी
उससे बातें करने का लोभ सँवरन
न कर पाए
और आपके फ़ोन से उसका फ़ोन टकराए
आपका फ़ोन कट जाए

हो सकता है उसका फ़ोन
आपसे ज़्यादा
उस बच्चे के लिए ज़रूरी हो
जो उसके साथ हँस-हँस

मलय नील में बदल जाना चाहता है

वह गा रही हो किसी साहिल का गीत
या हो सकता है कोई साहिल उसके
फ़ोन पर, गा रहा हो
उसके लिए प्रेमगीत

या कि कोई पपीहा
कर रहा हो उसके फ़ोन पर
पीऊ पीऊ
आप फ़ोन करें तो कोई ज़रूरी
नहीं कि
उसका फ़ोन ख़ाली हो।

## बीच आकाश में

बीच आकाश में
चाँद की दीवाल पर बने एक घर में
तारों के खटोले पर लेटे
मैं उसे अपने ख़्वाबों में करता हूँ प्यार

वह आएगी नील परी बन
चूमने मेरा माथा

एक गहन आवेग में मेरी बन्द हो जाएँगी आँखें
वह सपनों से बना एक चाकू मेरे हृदय में उतार देगी

कहेगी, चलो, मर कर प्यार रचाएँ
या जी-जी कर मरते जाएँ
मैं फिर भी उसे उतना ही प्यार करूँगा दोस्तो
यह जानते हुए कि

वह सच है और झूठ भी
वह एक हकीकत भी है और स्वप्न भी
वह दृश्य भी है और अदृश्य भी
उसमें फरेब इतना भरा है
लबालब

वह गहरे विश्वास को भी
मात दे गई है
वह हवा है और वाष्प भी
कोई उसे छूकर भी नहीं छू सकता लोगो।

## यही हो तुम

मैं हूँ पर्वत शिखर
और बादल तुम
कहाँ उड़कर जा रहे हो

पता है तेरे इन्तज़ार में ही
जमकर मैं हो गया हूँ काठ का पहाड़
तुम नदी थीं पिछले जनम में
मैं तट था तेरा हे प्रिय
तुम आओ! आकर मात्र मुझ पर घिरो नहीं
मुझे ढँक लो
सिर से पाँव

इतना सुन उड़ते बादलों में से जो टुकड़ा
था सबसे सुन्दर
आकर रुका और धीरे-धीरे समाने
लगा पहाड़ में
यही हो तुम!
मानो, तुमने सदियों पुरानी
सुन ली हो मेरी पुकार
तुम समाने लगी मुझमें
मैं पर्वत से हो गया पानी,

और पंख लगा तेरे संग उड़ने की
करने लगा तैयारी

यह नागफू है, यहाँ उजला बादल
साँवले पर्वत पर
ऐसे था चिपका
जैसे चिपके हों हमारे होंठ पर
तुम्हारे होंठ
तभी चमकदार सूर्य अपनी तलवार
लहराता आ धमका
देखो न प्रिय! कैसे टूट गई सूर्य की
तलवार
और हम तुम उड़ने लगे एकाएक
जैसे हम किसी आदिवासी नृत्य की
रवानी हों
हम धुन हों, ध्वनि हों, लय हों एक-दूसरे के
हम एक-दूसरे से कई-कई रूपों और
रंगों में मिलने लगे
हम उड़ने लगे, शिलांग के
नील उज्ज्वल आकाश में
हमारे नीचे थे सपनों के खेत।

# माँ

गाय के गोबर
और गंगाजल में
कब और कैसे पैठ गया है
हत्याओं का विचार
चिन्तित है मेरी माँ।
संगम पर मलमास में
प्रवचन सुन
वह दुखी होने लगती है
कि न जाने कब से मंत्रों में नरसंहार की टिप्पणियों ने
प्रवेश कर लिया है
कि कैसे चौपाइयाँ सपनों के संहार के अस्त्र में तब्दील हो गई हैं

कि भूख, अकाल, युद्ध और महँगाई
लाने वालों को कैसे मिल गए हैं वे दोहे
जो उसके नाना गाया करते थे
कि कब से भूरे की जगह लाल रंग की होने लगी है
धर्म संसद में घूमने वाली चँवर
माँ मनाती हैं कि
कम से कम
घर में अकेले में वह जो फेरती है तुलसी की माला
भगवान करे
इन सबसे बची रहे।

## साड़ी, सपने और माँ

बेटी कल मैंने सपने में देखी है एक अच्छी साड़ी
लाल रंग की किनारी वाली हवा में उड़ती धानी साड़ी
एक सुबह उठती है माँ
दुलारती है बेटी को

नई साड़ी, साबुत साड़ी
अपनी विधुनी साड़ी से कितनी अच्छी साड़ी
अस्मत बचाने वाली, लाज रखने वाली साड़ी
ऐ बेटी, पुकारता है गली-गली में घूमता है एक दलाल हत्यारा

कि चलो बेटी, माँ, चलो, लेने साड़ी
कि चलो राजा के जन्मदिन पर हवा में उड़ेगी अनार रंग साड़ी

माँ मत जाओ, लेने वह जालिम साड़ी
उस साड़ी में कातिल हत्यारा बसता है

उसी में हमारा भविष्य गलता है
सपने में देखी साड़ी की याद करो प्रिन्ट
उसमें छपा होगा यमराज काले भैंसे पर सवार
जिस ताँत से बनी है वह साड़ी
उसमें हमें सपने में रोज़-रोज़ डराने वाले भेड़िए का

निर्भय स्थान बना होगा
जनतंत्र के दलाल ने इसे रँगा है मेरी माँ
मत जाओ लेने ऐसी साड़ी
यह साड़ी नहीं बहेलिये का रचा हुआ जाल है माँ
हम छोटी-छोटी चिड़ियों के ख़िलाफ़

माँ मेरी, छोड़ दो छोर
सपने में पकड़ा उस साड़ी का
मुक्त करो अपने को मुक्त करो
साड़ी चमकती हुई और उड़ती हुई
मृत्युलोक की ओर जा रही है मेरी माँ।

## गृहिणी और मांस

एक दिन गृहस्थिन ने साड़ी के खूँट से बँधे कुछ पैसे
खोलते हुए कहा गृहस्थ से
ए मनुआ के बाबू, कई दिनों का कमाया, जोड़-जोड़
गँठियाया, है यह पैसा,

जाओ बाज़ार से आज मांस ले आओ!
रिन्ह कर ख़ूब स्वादिष्ट बनाएँगे
नाम मात्र ही सब मिल-जुल खाएँगे।

यह शाम चार बजे की बात थी अब बजने लगा था नौ
गृहस्थ महाराज दूर-दूर कहीं दिख ही नहीं रहे थे

एक घड़ी बीती, दूसरी घड़ी बीती, तीसरी घड़ी में
चिन्तित हुई गृहिणी
अभी तक वे आए क्यों नहीं
तभी झूमते-झामते थके-हारे आते दिखाई पड़े गृहस्थ महाराज

गृहस्थिन ने पूछा—लाए मांस
लाओ, रिन्हना शुरू करूँ, इतनी हो गई है रात
यह सुनते ही अचकचा कर गृहस्थ ने पूछा
क्या अभी तक तुम्हारे पास नहीं पहुँचा मांस

मैंने तो उसे गदहबेर में ही ख़रीद कर गिद्ध को दे
दिया था
कि हे गिद्ध! मुझे लौटने में थोड़ी देर होगी,
जितनी जल्दी हो सके यह मांस मेरी पत्नी को पहुँचा दो।

यह सुन गृहिणी हो गई उदास,
चेहरे पर आ गईं चिन्ता की रेखाएँ
गिद्ध को सौंपा मांस का टुकड़ा
कहाँ पहुँच पाएगा मुझ तक

मांस पकाने के लिए तैयार
आँगन में बना माटी का चूल्हा
देख रहा था व्यंग्य से
कभी ख़ुद को
कभी उन दोनों को

## स्मृतियाँ

(एक पंजाबी कविता के प्रभाव में)

अभी कुछ ही दिन पहले
मिला मैं उससे
जैसे मिला, गहरी घाटियों में
बजती धुन्ध की आवाज़ से
मिला, पूर्व जन्म की
किसी ग़लती के कारण
इस जन्म में खो गई प्रेमिका से

ये स्मृतियाँ हैं हाल में
उससे हुई मुलाक़ातों की
इन्हें बक्से में रखता हूँ तहा कर
ये निकल आती हैं बक्से से बाहर
कभी मन करता है कि इन्हें बच्चे की तरह खिलाऊँ
मन करता है कभी कि पहुना की तरह इनकी अगवानी में
पलक-पावड़े बिछाऊँ

कभी मन करता है कि बन्धु-बान्धवों की तरह इनके संग बतियाऊँ
कभी मन करता है कि इनके संग पत्नी की तरह लिपट जाऊँ
मन करता है कभी कि गाँव से आए पिता की तरह इनका करूँ सत्कार
कभी मन करता है कि इनके संग माँ की तरह

लोरियाँ सुनते हुए सो जाऊँ
कभी मन करता है कि इन्हें प्रेमिका की तरह करता रहूँ प्यार
कभी-कभी तो मन करता है कि इन्हें चूम-चूम मर जाऊँ।

## विलाप

आज मुझे डर है पिया
हत्यारों के आने का
सो रहा है मेरा दुधमुँहा बच्चा
आज तेल का मलिया गिर-गिर टूट रहा है
मेले से खरीदा ऐनक फूट गया है टूटकर
आज न जाने क्यों मन में बार-बार हो रही आशंका
आज मुझे डर है पिया उसके मारे जाने का

काली-काली रात और होती जा रही है भयावनी
रात गुलामी की और मृत्यु की रात
रात गिद्धों की और काले नागों की रात
तुम तो गए हो पिया, हत्यारों के सरदार के यहाँ मजूरी करने
यह कैसी तेरी मजबूरी है

आज मुझे डर है
तुम्हारे लौट कर न आने का
कल भी शुभ उच्चारने वाले कौए पर
बरसी थी कई राउंड गोलियाँ

जब वे आएँगे तो मैं क्या करूँगी, किस दरवाज़े से
बाहर जाऊँगी, कैसे चिल्लाऊँगी

बोली-बानी पर उन्हीं का है पहरा
आज मुझे डर है
मेरे विलाप के इंगला, पिंगला एवं चम्पू काव्य में बदल जाने का।

## संस्कृति

दंगाइयों के उस हुजूम में
वह एक पढ़ा लिखा दंगाई था,
उसका चेहरा राष्ट्रीय जैसा था
मन देशज
उसकी आँखें स्वदेशी विराटता से भरी थीं,
आँखों की कोरों पर लपक रहे थे पारम्परिक भाव
शायद कहीं-कहीं करुणा भी होगी उसके अन्दर

उसने सोचा कि बाज जैसे झपट्टा मारते उसके अपने ही संगी
परधर्म, परजाति की उस कुँवारी लड़की के संग
कर न बैठें बलात्कार

अतः उसने अपने ही रिवाल्वर से उस लड़की को गोली मार दी

मुक्त कर दिया उसको उसके ही शरीर से
अब उसके शरीर के साथ चाहे जो हो बर्ताव
क्या फ़र्क पड़ता है।

देखिए ना जान से भी ज़्यादा मूल्यवान
यौन शुचिता
नृशंसों के नैतिक विधान के लिए

हालाँकि वह अलग था
सबमें रहते हुए भी सबसे अलग था
मानवीय मूल्य, बौद्धिक चेतना और वैदिक रीति-रिवाजों से जड़ा

यह मैं कोई कविता नहीं कर रहा हूँ
उसकी आत्मकथा का एक अंश पढ़कर
आप सबको सुना रहा हूँ।

# मथुरादास की अर्ज़ी

जिसके ख़िलाफ़ लिखनी थी अर्ज़ी
उसी से माँगता हूँ काग़ज़
अर्ज़ी में जिन-जिनके दर्ज़ करने हैं नाम
उन्हीं में से एक से क़लम माँगता हूँ
वह धीरे से ज़ेब से निकाल कर देता है पार्कर पेन

यह अजब रिश्ता है मेरे और मेरे शोषकों के बीच
कि जिनके ख़िलाफ़ मुझे कहना है
उन्हीं से माँगने हैं उस 'कहन' के सारे स्रोत

मुझे तो लिखना आता नहीं
मैं अपने शोषक के ही एक दलाल से करता हूँ
अपनी अर्ज़ी लिखने का अनुरोध

क्या पता कि
अर्ज़ी जो रचकर हुई है तैयार
वह कितना उनके ख़िलाफ़ है और कितनी
उन्हीं की शोषण प्रक्रिया के
पक्ष में लिखा गया एक समर्थन पत्र

चाहे जो हो

मैं वही प्रतिरोध पत्र
अपने साथियों को पढ़ाता हूँ
उसे ही अलमारी में सजाता हूँ
उसे ही मढ़वाकर रखता हूँ ड्राइंग-रूम में
उसे ही लेकर हमें साजनी है अनवरत लड़ाई
उसी से रथ साजना है, उसी से अर्थ
उसी से ताज हिलाना है
उसी से तख़्त
आप मानें या न मानें
आज की लड़ाई मथुरादास की उसी अर्ज़ी पर केन्द्रित है।

## मदन गोपाल सर्वहारा

एक था मदन गोपाल पासी
ग्राम शाहपुर का निवासी
अपने ज़मींदार मालिक का वीर बाँकुड़ा लठैत
जो भी सुगबुगाता उसके मालिक के ख़िलाफ़
वह मालिक के पक्ष में उसके ख़िलाफ़ लाठियाँ चलाता
क्या मज़ाल कि ठाकुर की मिल्कियत में कोई टैक्स न दे
टैक्स न दे तो वीर बाँकुड़े मदन गोपाल के हाथों मौत ले
मालिक की सत्ता के विरुद्ध जो-जो शक्तियाँ थीं
वह कालभैरव था उनके लिए
नहीं पता मालिक उसे कितना करता था प्यार
पर वह तो मालिक के लिए ही मरता था और जीता था
उसी की पालकी उठाता था; उसी की जय गाता था

समय पर तो किसी की मिल्कियत चलती नहीं
न उसे रोक सकता है कोई मदन गोपाल
पिछली 26 जनवरी ठाकुर साहब का हो गया स्वर्गवास
रंथी सजाई नचो, रंथी ले सब चले श्मशान

शवयात्रा में मदन गोपाल अपने मालिक की रंथी में
शामिल था काँच-बाँस के समान
वह चुप था, बिलकुल चुपचाप

चिता जली और चित्ते से फूट पड़ी लपटें आग की
पर यह क्या! मच गया कुहराम
हाय ऽऽ हाय ऽऽ
चिता थी मालिक की
पर उसमें कूद पड़ा मदन गोपाल
मदन गोपाल मालिक के संग ही जलकर पुरछार हुआ
अगर कहीं मिल जाएँ मुझे कार्ल मार्क्स
तो उनसे पूछूँ कि अगर अब भी कहीं बची हो
'सर्वहारा' की कोटि
तो मदन गोपाल को सर्वहारा की किस कोटि में रखा जाए।

## नगाड़े

बजते हैं नगाड़े
चारों दिशाओं में
एक नगाड़ा बजता है मुनादी के लिए
एक नगाड़ा गोलबन्दी के लिए बजता है
बजाया जाता है शक्तिवानों की जय पर एक नगाड़ा
गड़गड़ करता है एक नगाड़ा सोते को जगाने के लिए

एक नगाड़े में बजती हैं बधाइयाँ
एक नगाड़े में जूझता संकल्प बजता है
नगाड़ों के शोर में दिक्-दिशाएँ गूँजती हैं हे दिक्पाल

हो सकता है जो नगाड़ा तीरों, तलवारों
और पाँवों के बीच बजे
वही नगाड़ा शासकों के कान के परदे फाड़ दे
वही नगाड़ा सम्भव है नाद और ब्रह्म के बीच बजे
यह सच है कि एक नगाड़ा आदिमता के बीच बजता था,
ऐ मेरे कान
तो सुनो एक नगाड़ा आधुनिकता के बीच भी बजता है

हिरनी के नृशंस वध के बाद निकल आए
रक्तिम मांस के उत्सव

में बजता है एक नगाड़ा
तो एक नगाड़ा कहीं न कहीं उसकी
मृत्यु के शोक में भी बजता है
दमन करते बजता है एक नगाड़ा
तो एक नगाड़ा प्रतिरोध के लिए बजता है
नगाड़े की आवाज़ों में भेद करना
सीख मेरे मन
पृथ्वी के केन्द्र पर आजकल
बज रहे हैं कई नगाड़े तांडव नृत्य के साथ।

# इस बार

इन हथकड़ियों को
तोड़ लेने दीजिए इस बार
जो हथकड़ियाँ बजती रही हैं झन-झन
इतिहास पथ पर
आज हमारे हाथों में पड़ी हैं

कितनी कोशिशें कीं, कितने यत्न
कितनी तरह के हथौड़े चलाए इस पर
आजमाईं कितनी ही तालियाँ

इस बार! इस बार इसे तोड़ लेने दीजिए
अगर ये हथकड़ियों की शक्ल में आई होतीं
तो इन्हें मैं पहचान लेता

पर ये आई थीं
सपनों की माला की शक्ल में
ये समय बनकर
कालखंड बनकर आई थीं
ये आई थीं इतिहास का एक मोड़ बनकर
ये सहज और स्वतःस्फूर्त होने का भ्रम
रचकर आई थीं

ये आई थीं हमारी किस्मत,
हमारा नसीब बनकर

मैं क्यों नहीं सोच पाया कि यह सुबह में
गूँजने वाली मुर्गे की बाँग नहीं
यह हथकड़ियों की आवाज़ है
मैं क्यों नहीं समझ पाया
कि ये हथकड़ियाँ ही हैं
जो आई हैं स्वर्णमृग का रूप बनकर

वक़्त के साथ चीज़ें पुरानी होती जाती हैं
और होती जाती हैं कमज़ोर
पर इनकी तो तेज़ ही होती जाती है झनक
इस बार! कृपया इस बार
इन्हें तोड़ लेने दीजिए।

# अवतार

हम कर रहे थे किसी अवतार की प्रतीक्षा
जाड़े की रात में
दूर आकाश में
शुक्रतारा निहारते
पर यह क्या
अवतारी की जगह एक नरसंहारी पा गया नया अवतार
बुद्ध उदास हैं, ईशु चुप हैं
किसी पहाड़ की तलहटी में रो रहे हैं भगवान विष्णु छुप-छुप

कि न जाने क्या हेर-फेर हो गया ग्रहों की गति में
कि एक नृशंस, क्रूर, क्लीव धरा पर पा गया नया अवतार
साधु सन्त सब भ्रम में उसकी जयकारी गा रहे हैं
सप्तर्षि आज आकाश में गहन शोक में डूब
सो गए भूखे
कच्छप, वराह, मत्स्य रूप में नहीं
मानव रूप में आया है वह
त्राहि-त्राहि मचाने
क्रूरता आतंक के अमोघ अस्त्र से लैस
जनतंत्र का कवच लगाए
बीच आबादी में अग्नि लपट फैलाता
सामाजिक आत्मा को करता क्षत-विक्षत

हत्यारों की परम्परा को गौरवान्वित करता
दुनिया में अब तक हुए ऐतिहासिक नरसंहारों की दिलाता याद
शब्दों, प्रतीकों, सिद्धान्तों की करता
अमानुषिक व्याख्या
संवैधानिक रूप से शपथ शक्ति से पूरित
इंटरनेट, वेबसाइट, इलेक्ट्रानिक मीडिया पर असवार
असहमतियों का नाश करता
असहमतों का करता ज़िन्दा क़त्लेआम
राष्ट्र, जन, लोक के अर्थ को
अपने रथ में जोतता
आ रहा है वह हमारी ही ओर
देखो आकाश में फिर उगने लगा है
पुच्छलतारा।

# शहादत

कोई कहता है यहाँ पानी था
कोई कहता है आग
कोई कहे यहाँ सोना था
कोई कहे नमक की खान
यह अजब विवाद का विषय था ज्ञानियों के बीच
कोई कहे यहाँ नील का हौदा था
कोई कहता है यहाँ से रंगा बनकर गया था रंगून
कोई कहता है मध्यकाल में यह एक सूफ़ी का स्थान था
किसी के अनुसार यहाँ लगती थी राजा की कचहरी
कोई सिद्ध करने पर तुला था कि यहीं पर लीली घोड़ी उड़ान मारती थी
लेकिन जानने वाले जानते हैं
कि सन सत्तावन में यहीं मरे थे
शहीद घिर्रई चमार
जो चमार थे, इसलिए कोई उन्हें शहीद नहीं कहता।

## दलित बस्ती में रग्घू मेहतर

जैसे हवा चलती है हारी हुई
जैसे तेज़ धूप में पानी सूखता है
जैसे झूलता है डालों में
बौराया आम
जैसे गगन पथ पर उदास तारा चलता है
वैसे ही गांधी की किताब लेकर
वह घूम रहा था
गली गली

ज्यादा पैसा लेकर भी
कोई उसे किराये का मकान देने को तैयार
नहीं था
हालाँकि छतों पर लगे झंडों पर फहरा रहे थे
महात्मा फुले के सन्देश
शाहू जी के कैलेंडर दीवारों पर टँगे थे
आँगन में बैठे गणेश जी व्यंग्य से
मुस्कुरा रहे थे धीरे-धीरे
भगवान बुद्ध शायद कहीं चतुर्मास पर गए थे।

## धोबी और लेनिन : बीच गगन में

एक ओर धोबी रोता है
दूसरी ओर लेनिन
यह इतिहास का कैसा संयोग है
दोनों रोते हैं एक साथ
एक ही तरह से

किसको सुनूँ
किसको न सुनूँ

दोनों की रुलाई में एक ही पीड़ा है
दोनों में छुपे हैं
एक जैसे सन्देश

लेनिन की रुलाई में
नई दुनिया की आलोचना छुपी है
धोबी की रुलाई में
शासक के प्रति हाय

दोनों को सुन भी लूँ तो
उन्हें एक साथ गुनूँ कैसे

अगर अब भी निकलता हो जनयुग,
तो बिना संशोधन
बिना अपनी तरफ़ से फुटनोट, टिप्पणी लगाए
इन रुलाइयों को कृपया छाप दें
अक्षरशः।

## तँतवा रे

खट खट धा
खट खट धा
खट खट धा
अस्थि पंजर मांस मज्जा
आपस में टकरा

ताँत बुन
ताँत से ज़्यादा बात बुन
सोना-चाँदी महल अटारी
सब हो जाएँगे ख़ाक
अग्निगर्भ में दीप्त रह जाएगी बस बात
बात के साथ जुड़ी आवाज़
तँतवा रे बुन ऐसी बात
जो चीर-फाड़ दे भयावनी
अमा निशा-सी रात
शक्ति के शोर में दब गई हैं सारी आवाज़ें
मदान्ध ताकत के शास्त्रीय संगीत के बीच
कोई कारगर हाहाकार बुन
बुन सार्थक चीत्कार
आलोचना करते-करते
गर जड़ हो जाए तेरी बुद्धि

तो पत्थरों में जो कर दे पैदा जान
वो चीख-पुकार बुन
तुम्हें पता है मेरे तँतवा
एक छोटी-सी बात अगर
सही वक़्त पर और सही तरह से
निकल जाए
तो दुनिया की बड़ी से बड़ी बदल सकती है सत्ता
समझो, समझो मेरे तँतवा एक सीधी बात
कि ताँत से ज़्यादा है एक बात की ताक़त।

# मैं आया हूँ

मैं यहाँ आया हूँ कि
हो सकता है कार्नवालिस के वंश की कोई लड़की
मुझे मिले
और मुझ पर इतनी आसक्त हो जाए
कि घर बार छोड़ मुझ संग भारत भागने को
तैयार हो जाए
और तब मैं उससे कहूँ
दुनिया में कोई भी सुन्दर नहीं है
मेरे चाँद के सिवा
और तुम तो बिलकुल नहीं

महारानी विक्टोरिया मुझे देख
क़ब्र फाड़ बाहर आ जाएँ
और चीख़-चीख़कर कहें
मैं तुझ पर हुए हर ज़ुल्म के लिए
क्षमा चाहती हूँ
तब मैं उससे कहूँ
मरने के बाद सबकुछ माफ़
रानी विक्टोरिया सबकुछ माफ़
फिर भी मेरा मन कहे—जब तक ये रहें

ये सब अपराध बोध से भरे रहें

मैं मातादीन भंगी और मंगल पांडे का वंशज
लन्दन आया हूँ कल ही।

# हो सकती है

सम्मान की तो होती हैं कविताएँ
क्या अपमान की भी कविताएँ हो सकती हैं
हो सकती हैं तो कैसी हो सकती हैं
उस दिन मैं सोच रहा था
अपने आपसे अपमानित होने के बाद
मैं अपने अपमान की कविताएँ लिखना चाहता था
छोटे-छोटे अपमान की
किसी के जूते कुचल देते हैं मेरे पाँव
किसी की भंगिमाएँ मेरा मज़ाक उड़ाती हैं
कई बार भाषा उपेक्षा और घृणा की मिश्रित थूक बन
किसी के मुखारविन्द से निकल
मेरे चेहरे पर पड़ती है बार-बार
संहिताएँ, नियम, विधि-विधान
मुझे अपमानित करने की अनन्त शक्ति से ओत-प्रोत होते हैं
आधिपत्यवादी बौद्धिकता और शक्ति के विचारों में शामिल रहता है मेरा
अपमान
किसी के घोड़े मेरे सपने कुचलते जाते हैं
उनकी दुनाली ऐसा जुलुम करती है कि
अपमानित होकर भी न जग सके मुझमें अपमान का भाव
क्योंकि अपमान का भाव एक चुहिया में जगा था
तो उसने जंगल की सत्ता की सहस्त्र डोर काट डाली थी

अपमान के भाव निरीहों में जगे थे
तो न जाने कहाँ-कहाँ
उन्होंने राजसत्ताएँ उलट डाली थीं
अपमान का भाव पद्‌मा डोमिन में जगा था
तो उसने राजा लक्ष्मण सेन का
राजत्व ही पलट डाला था
जागा था अपमान का भाव एक बहेलिए में
तो उसने राजा के बेटे का जाँगर थका डाला था
अपमान का भाव एक काग़ज़ की कश्ती में जागा था और उसने बिना गले
सागर पार कर डाला था
एक लँगड़े ने अपने अपमान-भाव के ख़िलाफ़ ही ऋष्यमूक पर्वत लाँघ डाला था
काश! मुझमें भी जग जाते
मेरे सारे अपमानों के घाव।

# गर्मी

आया सावन
फिर भी इतनी गर्मी क्यों है धरा पर
क्या पृथ्वी के बनाने वाले तत्त्वों में
मच गया है कुहराम
कि आजकल अणुओं के बीच भी गोलबन्दी तेज़ हो गई है
कि यह अणुओं के अन्याय के ख़िलाफ़ ही
एक सीमा से ज़्यादा बढ़ गए परमाणुओं के क्रोध का नतीजा है
कि पृथ्वी के नीचे सर्पों की फुफकार का है यह एक
प्राकृतिक परिणाम
कि पृथ्वी पर खूनी प्रतीकों की सत्ता के अश्वटापों से डर
ताजा हवाएँ न जाने कब से उठकर आकाश चली गई हैं
जो बीच-बीच में चल रही है खुली हवा
वह भी अन्यायों की दहकती अग्नि से होकर झुलसती हुई आ रही है
कि जल जलकर क्षार होते जा रहे हैं मानवीयता के नाभिकुंड
कि प्रभावी होते जा रहे अन्यायों के शक्ति कुठारों से
भविष्य में बदलाव की सम्भावना भी मरती जा रही है
मैंने सोचा था कि अगली सुबह आएगी तो मिलेगी थोड़ी मुक्ति
पर उफ्! आधिपत्य के प्रतीकों से मुझे नहीं मिल रही है निजात,
या कि मैं ही होता जा रहा हूँ निराश
कि इस गर्मी ने सचमुच मेरे स्वप्न पंखों को कर डाला है पुरछार
कभी किसी की बात मैंने पढ़ी थी कहीं किताब में

कि जब पृथ्वी पर बढ़ती है मज़लूमों की हाय तो गर्मी बढ़ जाती है
कि जब धरा का अक्षयिनी अमृत कुण्ड भी पूरी
तरह सूख जाता है
कि जब कल्पनाओं में मर जाते हैं उछाल
मन में प्रतीक मर जाते हैं
कि जब विचार, बसन्त और नियोजन के केन्द्र में जमकर बैठ जाते हैं
अमीर-उमराव
और ग़रीब-गुरबा उसकी परिधि से भी बाहर
ढकेल दिए जाते हैं
सृष्टि में इतनी बड़ी घटना घट जाती है
और कहीं से कोई भी आवाज़ नहीं आती है
तो धरा पर भयानक उमस वाली गर्मी बढ़ जाती है
मैं इस गर्मी की बहुलता को अनदेखा न करते हुए
यह भी कहना चाहता हूँ श्रीमान्
कि गर्मी इसलिए भी बढ़ जाती है
कि कन्त नहीं आते परदेस से
मेरे लिए तो गर्मी इसलिए भी बढ़ती है कि
आकाश के कई विप्लवी तारे
एक नहीं हो पाते
और सारी आकाशगंगाएँ मिलकर भी
इस आकाश का रंग बदल नहीं पातीं।

## निराशा

सुबह के दस बजे हम बनारस जा रहे थे
एक दस साल का बच्चा भदोही के हाई-वे पर चिल्ला रहा था
ज़ोर-ज़ोर से
ट्रैफिक जाम दोनों ही तरफ़ था
स्तब्ध थी पुलिस
सहमे मालिकान थे
किसी ने कहा यह बालक हालाँकि बँधुआ है
पर न जाने किस मूड में ऐसा कर रहा है बर्ताव
कायदे से उसे ऐसा नहीं करना चाहिए था

उस क्षण उसे देखकर लग रहा था कि
मानव मन के लिए आज़ादी कितना शक्तिशाली भाव है
उस क्षण के लिए वह पूर्ण ताक़तवर था
वह लग रहा था बहुत प्रभावी
मुझे तो वह अत्यन्त सम्भावनाओं से भरा भविष्यतारा लग रहा था
उसे देखकर मेरा यह विश्वास मज़बूत होता जा रहा था
कि लिखी जा सकती हैं टीकाएँ
कभी न कभी हाथी के सामने चींटी की भी,
अगर स्थितियाँ बदलें तो
बी.एस.एफ. बटालियन के सामने भी
सोनभद्र में कोल बच्चे अपने मूल अर्थ पर टीकाएँ लिख सकते हैं

गंगा नदी में मछुआरों के भयानक खौफ के ख़िलाफ़ भी मछलियाँ
अपने अर्थ लिये जी सकती हैं
पति के आधिपत्य के बीच भी
कभी-कभी अपना मूल अर्थ ले प्रकट हो सकती हैं पत्नियाँ
नित्य प्रति के इतिहास में कोई ऐसा क्षण भी आ सकता है
जब मुखर के आतंक के बीच मूक भी अपने को अभिव्यक्त करने की हिम्मत पा सकता है
मूक समुदाय हो, मूक संस्कृतियाँ या मूक इतिहास
शून्य की प्रतिभा तो जानते हैं गणितज्ञ
कमज़ोर की शक्ति गद्दियों से हटाई गई राजसत्ताएँ जानती हैं
इसीलिए मुझे लगता है कि
सहस्त्र तीरों से लैस व्याध से बचकर
झुरमुटों में अलोप हो गया हिरण भी
कभी न कभी अपने अर्थ बचाने की लड़ाई में
सफल हो सकता है
उस क्षण मुझे सचमुच लग रहा था लोगो
कि हममें से जो-जो होते जा रहे हैं व्यर्थ
आज नहीं तो कल उन सबके अर्थवान हो जाने की
पूरी सम्भावना है।

## नई दुनिया में लोक

अपने गाँव के आकाश की मरी चिड़िया
पॉकेट पर टाँगे जब वह शहर आया
तो लोगों ने फरमाया—वाह क्या लोक है!
उसके वजूद में भटकती चिड़िया की आत्मा की
आवाज़ जब फैली बाहर
तो लोगों ने बजाई ताली देखिए न यह कितना सांस्कृतिक है

जब मृत चिड़िया की अधूरी आकांक्षाएँ उस आदमी की
आँखों में फैलने लगीं तो उसकी आँखें हुईं नीली
लोगों ने दाद दी—इसकी जड़ें बहुत गहरी हैं
और यह कर रहा है जड़ों की खोज

मरने के पहले जो चिड़िया ने ली थी कराह
वह कराह जब उसके हावभाव और अभिव्यक्तियों में दिखने लगी
तो लोगों ने कहा दीजिए ध्यान! इसकी अभिव्यक्ति अत्यन्त लयात्मक है।

मारने वाले व्याध से बदले की इच्छा जब मृत
चिड़िया के शरीर में पैदा करने लगी कुछ साँसें
और अनेक कम्पन
तो वे ही लोग कहने लगे
अब बहुत हो गया लोक-लोक
अब हमें कुछ और बातें करनी चाहिए।

## न इसका न उसका

घोड़े और सवार के बीच विवाद सिर्फ़ दाम का नहीं था
बल्कि विचार का भी था
सवार उसे वहीं अड़का कर खड़ा रखना चाहता था
पर घोड़ा आगे बढ़ना चाहता था

सवार चाहता था कि
लोग उसे उसी के घोड़े के नाम से जानें
और घोड़ा था कि
न इसका, न उसका
सिर्फ़ घोड़ा होने को बेताब था
नाम की फिक्र किसको नहीं होती
वह लोककथाओं का अपना नाम
'हिरामन' वापस पाना चाहता था
ऐसा नहीं था कि उसे किसी को
अपनी पीठ पर बिठाने से चिढ़ थी
पर वह राजा की जगह
आदिवासी लड़के को बिठाना चाहता था
वह यह भी चाहता था कि
वन में उदास बैठी लड़की
उसे विश्वास में ले ले
और अपने प्रेमी को हत्यारों के जाल से
छुड़ाने के लिए बोले।

# मेरे भगवान

न शंकर न गणेश
मधु सिंह हैं मेरे भगवान!
नीच, जालिम, हत्यारा मधु सिंह!
उन्हें न मानकर भगवान क्या मैं गोली खाऊँ?
सम्राट, विराट, एकराट, मधु सिंह

चमक, चतुरंग
हय तुरंग
अनेक अनेक झपट कुरंग
देखिए! आ रही मधु सिंह की सवारी
मालिक! होटल गार्डेन रीच के मालिक
सरस्वती जिनके यहाँ पानी ढोए
लक्ष्मी जी बनी जिनकी दासी
ब्रह्मा, विष्णु, चँवर डुलावे
मधु सिंह के पास ऐरावत हाथी

जिनके बाएँ हैं ठीकेदार
दाएँ साहेब सूबेदार
आगे पीछे चालीस पैंतालीस हत्याओं का
तमगा लिये चल रहे रंगदार
आरा-बागर रोड पर चलती जिनकी

पचासों मोटरगाड़ी
उनका एक चाकर विधान सभा में
दूजा लोक सभा की करता तैयारी
उन्हीं के कारण उनका चरवाहा
इस बार जिला परिषदी के चुनाव में
पा गया है समर्थन भारी
फार्म हाउस, कृषि समितियाँ, मंडी परिषद, सहकारी,
तहबाजारी, सिविल लाइन्स से चौक तक के व्यापारी जगत में
गूँजती उनकी वाणी
ऐंठा मोछ, कलकतिया धोती
बासमती चावल और फ्रांस की नीली ताड़ी
हमको तो ढोना है उन्हीं की सवारी!

रविकुल भूषण, भोजपुरी पति, बगहाँ नरेश
चोरों, बदमाशों, हत्यारों के नायक
कई नरसंहारों के रचयिता
धन हो जय जननायक!

## दो फाँक

यह जो पेड़ दिखते हैं पूरे
वे वस्तुतः आधे हैं
ये चिड़ियाँ दिखती हैं जोड़े में
वे वस्तुतः अकेली हैं

धान, गेहूँ, सरसों के जो खिले दिख रहे हैं पौधे
उन्हें अगर आप ठीक से देखें तो पाएँगे कि
वो भीतर से आधे हैं

दो कौड़ियों में से यहाँ रह गई है एक कौड़ी
एक कौड़ी न जाने कहाँ जाकर छिपी है
यहाँ के हर पिता की एक आँख
कहीं खो गई है
आनमुलुक में
एक आँख से चलता है काम

यह भोजपुर का क्षेत्र है श्रीमान्
बेकारी, नौकरी, प्रवास
यहाँ सब कुछ आधा है, सच में आधा
माँ का कलेजा आधा
भाई का सीना आधा
आधा कहीं छिपा पड़ा है

नोएडा, बॉम्बे, दिल्ली
या मॉरिशस, सूरीनाम
बैलों की जोड़ी तो यहाँ
आधी है ही उनके गले का घुँघरू भी आधा

हर मन में संशय रहता है, हर मन में विलाप
फिर यहाँ कैसे उगे पूर्णिमा का चाँद
यहाँ दिन कभी पूरा होता ही नहीं
यहाँ ब्याहता औरतों के गले का चन्द्रहार
आधा ही लटका रहता है
बस, ट्रेन, जहाज़
भूख, ग़रीबी, अत्याचार
ढो-ढोकर ले जाते हैं यहाँ से लोगों को
यहाँ कोई भी नहीं है साबूत
यहाँ हर आत्मा हुई है दो फाँक।

# सूर्यपर्वत पर कमल

वो पीले पत्ते कहाँ हैं
जो सड़कों पर गिरकर
गर्मी की शामों को
और उदास बनाते थे
जिनसे खुलती ही जाती थी
शमशेर की कविता!

वो लड़की कहाँ है
जो अकेले न जाने क्या याद कर
मुस्कुराती थी
कहाँ हैं वो लड़के
जो आधा बसन्त बीत जाने पर भी
तड़ाग में कमल की तरह
सूर्यपर्वत पर मुस्कुराते थे

वो मन के घोड़े कहाँ हैं
जो पहाड़ों से टकराते थे
कहाँ हैं वे गुलाब की पंखुड़ियाँ
जो रानी विक्टोरिया के मुकुट का हीरा छेद जाती थीं

वो कारवाँ जो चलता रहता था अथक

वो हवा जो झूमती रहती थी दीवानगी में

वो लोग कहाँ हैं
जो कैसे और साहित्य के पीछे पागल रहते थे
उनकी घड़ियाँ, उनके छाप, उनकी किताबें कहाँ हैं

रात, शराब और गिट्टी की सड़कों के
अनबूझ रहस्यों को
जो करती रहती थीं तार-तार
वो गहरी आँखें कहाँ हैं
कहाँ हैं उन आँखों की पुतलियाँ
वो नूर, वो आँख कहाँ है!

वो शब्द कहाँ हैं
जो जब भी कहे जाते थे
तो कहते थे
दिल में उतरने वाली बात

जैसे दाने की खोज में
चिड़ियाँ चली जाती हैं दूर देश
जैसे गउएँ चरने के लिए
दूसरे सीवान में चली जाती हैं
हो सकता है वह भी उसी तरह किसी सुबह
कहीं चली गई हो
या जब मैं आया था,
उस समय जिस धुरी पर था यह शहर
वह धुरी ही बदल गई हो।

## गड़ेरिया

पुलिस मिलिट्री
तोप, बम
सत्ता के नाभिकुंड में जम्हाई लेता एक व्यापारी मन
लाभ की आक्रामक और क्रूर इच्छाओं के धर्मकाँटे
पर पाँव पसारे
नदियाँ-नदियाँ सागर-सागर, नीलगगन तक
जहाजों के मस्तूलों पर आते-आते
बेच-बेच खरीदने, खरीद-खरीद बेचने की शक्ति से लैस
बुद्धि विवेक से लेकर अध्यात्म को ठीक से करता पैक

लाभ-लाभ हिंस्र लाभ
लाभ से हिंसा, हिंसा से बाज़ार
शुभ-लाभ के संचयन से हो बलि
बीच बाज़ार में ठोकता ताल
अकेले दुकेले नहीं, वह 'कईयों' का समूह,
'बहुतों' पर करता है राज,
भूख, ग़रीबी, जलालत को विश्व बाज़ार में बेचता
बेचता रुलाई और उदासी को कला बाज़ार में

अपने-आपको अपने से अलग कर
अपने-आपको बेचता,

आत्मसम्मान की लड़ाई लड़ते-लड़ते
बेचता आत्मसम्मान के भाव को,
अस्मिता को बेचता, बेचता अपनी व ग़ैर की व्यथा को
संघर्ष करने निकला योद्धा संघर्ष के वृत्तान्त को बेचता
बेचता चंदेरी की साड़ी और कम्प्यूटर के स्क्रीन एक साथ

जिस भाव में सामंजस्य बेचता
उससे महँगे में बेचता अन्तर्विरोध को
शान्ति और युद्ध को एक साथ बेचता
एक साथ ही विज्ञापित करता मुदानगी और उल्लास को

योग को बेचता, बेचता पतंजलि और बुद्ध को
वह भेड़ को तो बेचेगा ही, बेच डालेगा
पृथ्वी पर पड़े भेड़ों के पाँवों की छाप को

नीलगगन में देखो
वो खेतों में भेड़ बिठाते गड़ेरिये
हो चुका है मध्य आकाश में न जाने कब का पूँजी
का स्फोट
पूँजी के कीर्तन में चलो, ओ मेरे गड़ेरिये।

## गठरी

वे सब एक गठरी हैं
हालाँकि अनेकों के माथे पर गठरी है
पर कुछ के पास छोटी टूटी सन्दूक
सत्तू, चूरा, लुंगी, सैंडो गंजी, लाइफब्यॉय साबुन
का टुकड़ा, छोटी कंघी से भरी
गठरी में एक कुरता है, कुरते में एक बगली है
उसमें रखी है उस बेटी की पासपोर्ट साईज
तुड़ी मुड़ी तसवीर
जिसका पाँच पूरा हो गया है और
जो छौवे में चल रही है
गठरी में एक हनुमानचालीसा है
दो ताबीज़ हैं
और ठेकुआ है, माँ, बहन, पत्नी
के हाथों का बना हुआ
गठरी में झाँक रहा है
ग़रीबी से उबरने का अजीब जज्बा

जौनपुर स्टेशन पर खड़ी यह ट्रेन
इन सबको लेकर मुम्बई जा रही है
हे ट्रेन! इन्हें लेकर मुम्बई क्यों जा रही है
वहाँ तो भट्ठियाँ सज रही हैं

वहाँ पिज रहे हैं ठीहे
वहाँ चाकू कर रहे हैं चहलकदमी

तलवारें पूरब से आने वाली गरदनों
की बाट जोह रही हैं

हत्यारों का मन मचल रहा है
यह ठीक है कि वहाँ पैसा
चमक रहा है
ट्रेन तू मुम्बई मत जा
आज की रात तो बिलकुल नहीं

हो सके तो दिशा बदल दे
न हो सके तो कहीं रास्ते में ही
हो जा खराब

अगर कुछ भी न हो सके तो हे रेलगाड़ी
थोड़ी देर के लिए बिलम जा
सुनते हैं क्रूरता, आक्रोश कभी-कभी
क्षणिक होते हैं
सम्भव है कि यह बात सच हो जाए
हो सकता है जितनी देर तू बिलमे
उतनी देर में हत्यारों का मन बदल जाए
या ये राहगीर ही वहाँ जाने का अपना
मन बदलकर स्टेशन से
घर लौट आएँ
अगर न लौटना चाहेंगे
जिन जिनको ये छोड़कर जा रहे हैं

उनकी यादें इन्हें लौटा कर
ले आएँ

कि इनकी हिम्मत हार जाए
कि इनका धीरज टूट जाए
कि इनकी वह जिजीविषा थोड़ी देर
के लिए हार जाए
कुछ ही दिनों के लिए सही
पर यह कालरात्रि
टल जाए

कुछ कर, कुछ कर हे मुम्बई
जाने वाली रेलगाड़ी
ऐसे में तू ही कुछ कर
जब भाग्य, भगवान, पुलिस
सरकारें सब बैठी हैं चुपचाप!

## गोरेगाँव का एक दरवाज़ा

यह कोई बज्र किवाड़ नहीं
हल्की, जर्जर व पुरानी किवाड़ थी
किराये पर ली गई किसी चाल की
इसके पीछे कई साँसें थीं
तेज़-तेज़ आती-जाती
खाँसा..
दरवाज़ा नहीं खुला
कुंडी खटखटाई
दरवाज़ा नहीं खुला
दी कई-कई आवाज़ें
दरवाज़ा नहीं खुला
किसी ने ज़ोर से गुहराया
खोलना! मैं हूँ मैं
दरवाज़ा नहीं खुला
किसी ने रोनी आवाज़ बनाई
और पुकारा
दरवाज़ा नहीं खुला
दरवाज़े पर
साँझ होते ही गूँजी एक
बिल्ली की आवाज़
फिर भी दरवाज़ा नहीं खुला

चीखा-चिल्लाया
दरवाज़ा नहीं खुला
दरवाज़े पर रख कत्ता पिजाया
दरवाज़ा नहीं खुला

पुलिस आई सुरक्षा के नाम पर
दरवाज़ा नहीं खुला
हत्यारे आए अस्मिता बोध जगाते
दरवाज़ा नहीं खुला
दंगाई आए
दरवाज़ा नहीं खुला
आए ध्वजारोही
दरवाज़ा नहीं खुला
नारे लगाए
दरवाज़ा नहीं खुला
हुआ राज्यादेश
दरवाज़ा नहीं खुला
भाले, बरछी, तलवारें और काँटे मारे
दरवाज़ा नहीं खुला
ईंट, पत्थर, और गोलियाँ मारी
दरवाज़ा नहीं खुला
खोलो नहीं तो तुम्हारी कुँआरी
बेटियों के गर्भ में
डाल देंगे अपने
बीज
दरवाज़ा नहीं खुला
उस मरघटी चुप्पी के बीच गूँजी एक आवाज़
तेरी नस्ल बिगाड़ देंगे

तेरी हैसियत कर देंगे तबाह
तब भी दरवाज़ा नहीं खुला

यह जीने की अनन्त इच्छाओं का
हरावल दस्ता है करीमन बी
जो राज्यादेशों से टकराकर भी जीवित है
अगर इसे ठीक से समझें तो उनके वजूद के वहाँ बने रहने को,
नफ़रत की राजनीति का सक्षम नकार मान सकते हैं
अगर इसका करें पुनर्पाठ तो
यह मरने के ख़िलाफ़ न मरने का एक दुर्लभ संकल्प है
यह मृत्यु के पूर्व
जीवन की युद्धरत चाह है
कि यह बुल्लेशाह की जिद्द है
यह एक भयानक सपने के बीच
कहीं एक कोने में बची जिजीविषा है
ग़रीबी, जलालत से उबरने की
सतत् जद्दोजहद है
जो इन्हें बिहार से यहाँ खींच
लाई है

यह माँ का अपने बेटे की
रक्षा के लिए
गाँवों में
निर्जल किए गए
जीउतीआ
व्रत का
आशीष है
यह गाँव में

छूट गई
पत्नी की
और बच्चे की
जिम्मेदारियों का
भाव है
जो इस दरवाज़े के पीछे अनेक दरवाज़े बन खड़ी हैं
यहाँ हर पत्थर फूट जाएगा
यहाँ हर तलवार टूट जाएगी
यहाँ हर मौत हार जाएगी करीमन बी।

## उसका सपना

कल रात उसने एक सपना देखा
अब तक उसका सन्देश पहुँचाने वाला सुग्गा
एकदम डर गया था
कोई भी सन्देश अब ले जाने के लिए बिलकुल न था तैयार
उसके आँगन के अनार का पेड़
जर कर हो गया था पुरछार
उसकी चूड़ियाँ तो फूट ही गई थीं
आकाश में एक बादल फट गया था
सब जगह बाढ़ आ गई थी
सारी फ़ोन लाइन हो गईं थी बेकार
सारी चिट्ठियाँ बह गई थीं
मिट गया था उसके नख का आलता
जब भी उसे वह करती थी याद,
यादें थम कर कहीं खड़ी हो जाती थीं
उसके सामने डाल पर बैठे
कौए का रोआँ
बार-बार झुक जाता था
वह बार-बार टिकती थी और बार-बार
उसकी माँग का सिन्दूर
झर जाता था
सपनों का रेतमहल भहर जाता था

उसकी नसों में नागिन डँस जाती थी
वह चिहुँक कर जग गई थी
जगने के बाद परदेस गए पति
की यादों से वह लिपट गई थी
लिपट गई थी और सुबकती रही थी
सुबह मुम्बई में कई मज़दूरों की हत्या
की ख़बर
हवा में उड़ते काले नागों की तरह
आकाश में तैरती दिख रही थी
हाय! एक बिजली थी जो आकाश से टूटकर
उस पर गिर रही थी।

# अचरज

वह उनकी तरह नहीं लगता
उनकी तरह नहीं रहता
उनकी तरह नहीं है वह खाता और पीता

उन्हें लग रहा था कि
वह जब भी जाता है तो यहाँ से सोना ले जाता है
यहाँ से ले जाता है कमा कर चाँदी का पत्ता
वह क्यों आता है सुदूर पूर्व से
मेहनत मजदूरी कर ले जाता है हीरा और पन्ना
वह ग़रीबी से उबरने के नशे में व्याकुल
दिन-रात हाड़ तोड़ता है
फिर भी वह क्यों ले जाता है लाल और मूँगा

वह हमारी हवा, हमारा पानी
हमारी धरती, हमारे आकाश में रहता है
और कमाकर घर ले जाता है मुहरें और गिन्नियाँ
वह यहाँ रहकर धीरे-धीरे हमारे स्व की
सीमाओं को छितर-बितर करता है
इस ईर्ष्या में जलते लोगों ने
उस दिन सरेआम, सरे चौराहे
सामूहिक बन, सामूहिक स्वर में चिल्लाते हुए

घर लौटते उस आदमी को पत्थरों से
कुचल-कुचल मार डाला
मरने के बाद जब उसके पॉकिट, गठरी और टेंट
की ली गई गहन तलाशी
तो उसमें भिले रुपए सतहत्तर
रेलवे का सामान्य श्रेणी का टिकट
उसकी सात साल की बेटी के पासपोर्ट
साईज फोटो की दहाड़ मारती रुलाई मिली
सात बंडल बीड़ी एक सलाई मिली

उसे मारने वाले नागरिक समाज को
यह देख थोड़ा अचरज तो हुआ
पर कितना दुख हुआ
यह बताने में लोगो,
आपका कवि असमर्थ है।

## मेरा डर

पहाड़ों के पीछे से
आई बाघ की हुंकारऽऽऽ
मैं काँप गया
डर मत
कहा रामदाना बेचने वाले बूढ़े ने
पहाड़ी के पीछे बाघ-बाघिन कर रहे हैं प्यार।

## सन्देश

खोलता हूँ मैं बार-बार उसका भेजा एस.एम.एस.
पढ़ता हूँ
फिर बैक करता हूँ
फिर-फिर पढ़ता हूँ
सोचता हूँ इतना सीधा-इतना सपाट
उसका एस.एम.एस. हो कैसे सकता है।
ज़रूर कोई शब्द, कोई वाक्य
जो मेरे लिए था
टाइप करते वक़्त
भेजते वक़्त या प्रोसेस करते वक़्त
या तो छूट गया होगा
या हो गया होगा कुछ
ग़लती से डिलीट

जो ग़लती से डिलीट हो गया होगा
उसमें क्या रहा होगा

उसमें मेरे लिए कैसा अद्‌भुत स्वप्न बह रहा होगा
या हो सकता है अपनी व्यस्तता के कारण उसने लिखना
कुछ चाहा होगा, लिख कुछ और गया होगा
या कि जल्दबाजी में मेरा एस.एम.एस.

किसी और को
किसी और का एस.एम.एस. मुझे
फॉरवर्ड हो गया होगा
मैं मन को बार-बार समझा रहा था
मन समझ भी रहा था
पर आँखें थीं कि मान ही नहीं रही थीं
और बक-बक बोलती जा रही थीं!

मैंने अपनी आँखों को चुप कराना चाहा
अरे! मोबाइल मशीन है
उसमें ऐसी ग़लतियाँ हो ही जाती हैं

जिसकी आँखों में इतनी नमी थी
जिसके भीतर घहरा रहे थे कई-कई समुद्र
जिसमें कई लहरें आती थीं
और मेरे सामने मिट-मिट जाती थीं
जो उस वक़्त मेरी कविताओं की कल्पनाओं की उड़ान से भी
ज़्यादा तेज़ उड़ रही थी
जो मेरे प्रतीकों को सही अर्थ में समझ रही थी
जिसे मुझ पर कुछ संशय तो था
पर मेरी कविताओं पर था अनन्त विश्वास

सेमल के लाल फूल पर बैठे सुग्गे की तरह
जो तिर्यक वाक्यों से मुझे खोलना भी
चाह रही थी
वह ऐसा सपाट सन्देश कैसे भेज सकती है!

हो सकता है उस वक़्त वह

किसी और मूड में हो
या घर की या आंस-पास की
किसी जटिल हक़ीक़त का सामना करने में
उलझी हो
और सोचा हो—यह तो ऐसे ही भेज देती हूँ
अगले सन्देश में कुछ सपने भेजूँगी

लोगो, कई दिन, कई माह हो गए
मैं अभी भी कर रहा हूँ
उसके एस.एम.एस. का इन्तज़ार।

## रंगीन पत्ते

पेड़ों पर देखो न
कैसे सज रहे हैं पत्ते रंग-रंग के

शाम ढलने के बाद
रात आने के पहले
रंग-रंग के पत्ते क्या करते हैं

रंग-रंग के पत्ते देखते हैं सपने
पर हमसे अलग

वे सपने में एक-दूसरे से जलते नहीं
एक-दूसरे से ईर्ष्या नहीं करते
वे सपने में खींचा नहीं करते
एक-दूसरे की टाँग

ये पत्ते अनेक रंगों से भरे
सपने देखते हैं
पेड़ों पर लेटकर
और चिड़ियों का नर्म कोमल पंख ओढ़कर
वे सपने में हिंसा नहीं मचाते
नहीं रचाते युद्ध

हत्या नहीं करते
वे सपने में एक-दूसरे के हाथों में हाथ ले
अपने ऊपर आने वाले ख़तरों से निपटने के
बारे में विचार करते हैं

वे अपने सपनों में आगे बढ़ने की होड़ में
एक-दूसरे की पीठ पर
नहीं भोंकते चाकू

पद, प्रतिष्ठा, शक्ति के लिए
ललचा नहीं रहे होते हैं
वे सपने में घरौंदे बनाते हैं
घरौंदे तोड़ते नहीं

वे सपने में देखते हैं कि
कैसे जंगल में शिकारियों का
आतंक कम होगा
कि कैसे यह जंगल जनतंत्र में तब्दील होगा
कि कैसे चिड़ियों का चिड़ियों पर
किया जाने वाला अन्याय रुकेगा
जब एक रात एक शेर बगल के गाँव से बच्चे को
उठाकर लाएगा
तो अन्य सभी शेर उसके ख़िलाफ़ एकजुट
हो जाएँगे

रंग-रंग के पत्ते जंगल में रहते हुए भी
जंगल को बदलने का स्वप्न देखते हैं।

## जेहलखाना

कितने चाँद मारे गए होंगे तो बना होगा
यह जेहलखाना
कितने तारे तोड़े गए होंगे
तो इन सीखचों का साइज गढ़ा गया होगा
कितनी चिड़ियाँ दफ़न हो गई होंगी
तो इस जेहलखाने की पड़ी होगी नींव
ये कोटियाँ, ये मानदंड, ये स्टीरियोटाइप्स
ये एकरस वृत्तांत
यह भाषा की तानाशाही
यह सौन्दर्य के नाम पर
पुलिसिया ललकार
मुझे मार रहे हैं हे संस्कृति के साधु सिंह दीवान
हे धर्म का तेगा, हे नैतिकता की तलवार
हे चोबदार, सईस, थानेदार की आँख
हे रावण की काँख
हे कबूतर की लस्सेदार पाँख
हे इस दुनिया की प्रकृति
और प्रकृति के जंजाल
सीमाओं के भीतर अनेक सीमाएँ
इतने जेहलखाने में मैं
पूरी जिन्दगी कैसे रहूँगा

मैं कैसे रहूँगा एक जेहलखाने में
आजादी के भ्रम के साथ
हँसते, खेलते
कुछ आलोचना करते
डर जाता है मेरा चाँद इन सींखचों से टकराकर
मेरा मन मर जाता है
मेरी चिड़ियाँ डर जाती हैं
मुझमें आने से
और मेरे सपनों के बारे में
मत पूछो लोगो
रोज़-रोज़ मर रहे हैं मेरे सपने
इस जेहलखाने में।

# कौतुक कथा

धूप चाहती थी, बारिश चाहती थी, चाहते थे ठेकेदार
कि यह बेशकीमती पेड़ सूख जाए
चोर, अपराधी, तस्कर, हत्यारे, मंत्री के रिश्तेदार
फ़िल्म ऐक्टर, पुरोहित वे सब जो बेशक़ीमती लकड़ियों के
और इन लकड़ियों पर पागल हिरण के सींगों के व्यापार
में लगे थे

पेड़ अजब था,
पेड़ सूखता था और सूखते-सूखते फिर हरा हो जाता था
एक चिड़िया जैसे ही आकर बैठती थी
सूखा पेड़ हरा हो जाता था
उसमें आ जाते थे नर्म, कोमल नए-नए पत्ते
और जैसे ही चिड़िया जाती थी दिन दुनियादारी, दानापानी की तलाश में
फिर वह सूख जाता था
वे ख़ुश होते थे, ख़ुशी में गाने लगते थे उन्मादी गीत
और आरा ले उस वृक्ष को काटने आ जाते थे
वे समझ नहीं पा रहे थे, ऐसा क्यों हो रहा है, कैसे हो रहा है
एक दिन गहन शोध कर उनके दल के एक सिद्धान्तकार ने गढ़ी
सैद्धांतिकी
कि पेड़ को अगर सुखाना है तो इस चिड़िया को मारना होगा

फिर क्या था
नियुक्त कर दिए गए अनन्त शिकारी
कई तोप साज दिए गए
बिछा दिए गए अनेक जाल
वह आधी रात का समय था
दिन बुधवार था, जंगल के बीच एक चमकता बाज़ार था
पूर्णिमा की चाँदनी में पेड़ से मिलन की अनन्त कामना से आतुर
आती चिड़िया को क़ैद कर लिया गया
उसे अनेक तीरों से बींधा गया
उसे ठीहे पर रख भोथरे चाकू से बार-बार काटा गया
उसे तोप की नली मे बाँध कर तोप से दागा गया
सबने सुझाये तरह-तरह के तरीक़े, तरह-तरह के तरीक़ों
से उसे मारा गया
इतने के बाद भी जब सब उसे मिल मारने में हो गए असफल
तो उनमें से एक कोफ़्त में आ
उसे साबुत कच्चा निगल गया
चिड़िया उड़ गई, उड़ गई चिड़िया फुर्र से
उसके पेट से
उसे हतने के व्यवसाय में लगे लोग काफ़ी बाद में समझ पाए
कि यह चिड़िया सिर्फ़ चिड़िया न होकर
स्मृतियों का पुंज है
जिसे न तो हता जा सकता है
न मारा जा सकता है
न ही जलाया जा सकता है।

# दरकन की आवाज़

जैसे धागा टूटा होता है
जैसे शीशा फूटा होता है
जैसे लाल मिट्टी से रच-रचकर लिखी दीवार में
भी
पड़ जाती है दरार

वैसे ही हैं हम
हमारी हँसी में दुख कहीं बैठा होता है
दुख में रहती है कोई हँसी

आनन्द हमारे लिए एक चिड़िया है लोगो,
जो सदा विरह की अग्नि में तपती रहती है

जैसे धूप की आभा कई बार टूटी होती है
जैसे हिरणों का मन कई भागों में बँटा होता है
प्रेम, भय, आशंका, छुपने की तैयारी
जैसे दूध फटा होता है
जैसे चौथ का चाँद बीच से कटा होता है
वैसे ही हैं हम

हम चाहे कितना ही जोड़ लें

हमारे व्यक्तित्व में घटाव का असर
ज़्यादा दिखता है
उसी तरह के हैं हम

कटा, टूटा, फटा, उखड़ा
दरका हुआ बिलकुल बीच से
आप तो रहते हैं मेरे आस-पास
पर आपने कभी सुनी न होगी
मेरे दरकने की आवाज़

रात में जब गूलर फूल फूलता है पेड़ पर
शायद उस समय और वो भी अनन्त सावधानियों
के बाद
आप सुन पाएँगे मेरे दरकने की आवाज़।

# बाग़ और परिन्दे

बाग़ ख़ाली रह गया
उड़ गए परिन्दे
हिरामन सुग्गे न जाने कहाँ उड़े चले जा रहे हैं
सारंगी यहाँ है और सारंगी की आवाज़
कहीं और जा रही है

कहाँ जा रहे हैं ये लोग ट्रेनों में कसकर

कोई मुम्बई, कोई नोएडा, कोई पंजाब
वहाँ नाचेंगे इनके सपने
सिर चढ़ अगुरी रानी करेंगी राज
वहाँ माया के अनन्त प्रकाश में ये समा जाएँगे
और जोगिनी उन्हें जबलपुर से हैदराबाद तक
ढूँढ़ती फिरेगी

वे पिएँगे ठर्रा और पैसे के चारों ओर नाचते रहेंगे
पैसा नाचता है और नाचता पैसा काटता जाता है
माँ का दूध एवं पत्नी के प्यार का प्रभाव
पैसा सबसे ज़्यादा ऐसे लोगों की जड़ों पर वार
करता है
वहाँ वे जीने की बहुत कोशिश करेंगे

पर धीरे-धीरे खा जाएगा इन्हें इनकी रोजी का
शहर
हालाँकि वे ठोकते रहेंगे ताल
कि वह हमें क्या खाएगा
हम खा जाएँगे उसको
और हमें तनिक डकार भी नहीं आएगी
वे सब वहाँ से लौट जाना चाहेंगे
पर लौट नहीं पाएँगे
वह सब वहाँ जीवन की चक्की में पिस जाएँगे
वे कहाँ जा रहे हैं रेशम की डोर काटकर
वहाँ वैसे भी टोना बहुत है
और पानी बहुत कमज़ोर

वे वहाँ जाकर खो जाएँगे
और अनेक चिट्ठियाँ इन्हें ढूँढ़ती रहेंगी
वे वहाँ जाकर एक लम्बी गहरी नींद में सो जाएँगे
और अनेक कबीर उन्हें जगाते रह जाएँगे
प्रेम कबूतर जाएँगे और खाली हाथ लौट आएँगे
अगर इनमें कोई निकल गया फ़िल्म लेखक
तो इन कबूतरों को रोककर बॉलीवुड की
कहानियों में क़ैद कर देगा
इनमें सर्वाधिक मज़दूर होंगे, एक-दो पत्रकार
कइयों में बाबू बनने की असीम सम्भावना भी है
वैसे तो ये सब पूरबिया हैं
पर वहाँ जाकर इनमें से कई हिन्दू हो जाएँगे
कई मुसलमान
कई शिव सैनिक हो जाएँगे
कई कांग्रेस ज़िन्दाबाद

इनमें से कुछ अमिताभ बच्चन के यार हो जाएँगे
कुछ ऐश्वर्या का अभी तक नहीं मिला प्यार
वे कुछ भी होंगे, पर जान लो लोगो
इनकी आत्मा में हुए रहेंगे कई-कई भाग

जिन्हें छोड़कर आए हैं वे
उनकी याद में बिना सोचे
दारू पीने और रोने के शाप से
ये कभी हो न पाएँगे मुक्त।

# खुदाई में हिंसा

आल्हा के तालाब की खुदाई में तो मिली नहीं थी
न ही मिली थी रेगिस्तानी रणक्षेत्र में
आल्पूस की पहाड़ियों में रहने वाले
आदिम लोगों की स्मृति में भी नहीं थी
ऐसी हिंसा

अंगुलीमाल और सुल्ताना डाकू के मन में भी
ऐसी हिंसा नहीं थी
ऐसी हिंसा कभी सुनी नहीं थी
बरछे, भाले और कटारों ने भी

कलियुग के देव महाराज कल्कि के मुकुट में
भी नहीं थी ऐसी हिंसा
फिर ऐसी हिंसा आई कहाँ से
आँखों में, भाषा में, वाणी में
मन में, भावों में, विचारों में
झंडे, देवी जागरण एवं ग्रन्थों में
तत्व में एवं अध्यात्म में
पंडित, दलित एवं बाज़ार में
सब्जी बेचने वाले कुंजड़े में
हममें और आप में

जल में, वायु में, और क्षीरसागर में एवं
ताल तलैयों में

गाँव में, नगर में एवं महानगर में
कैपिटल में एवं मेट्रोपोलिज में
बाप-बेटे में
भाई-बहन में
पति-पत्नी में
साथी संगी में
डोर में, धागे में एवं सम्बन्धों में
नीति निर्माता, प्रशासक, कला जगत एवं
कलाकारों में तो ऐसी आई है हिंसा
कि गांधी की प्रतिमा भी ऐसी गढ़ दी है
जिसकी आँखों की कोर से हिंसा झरने लगी है

चारों ओर ऐसा डंका पीट रही है
हिंसा कि
संत ज्ञानेश्वर, बाल्ज़ाक, टालस्टॉय
एवं टैगोर
फूट-फूटकर रोने लगे हैं
कहाँ से आई है हे पंढरपुरवासी
हम सबमें ऐसी हिंसा।

## सपने

सच होते जा रहे हैं भयानक
सपने अच्छे-अच्छे भयानक होते जा रहे हैं
मेरी आँखों की नींद यह मुझमें
क्या रच रही है
मेरी नींद की चिड़िया
इतना क्यों डर रही है

मेरी नींद में एक पेड़ है आम का
जिसके पत्ते अपने टुस्सों के लिए
इतना क्यों डर रहे हैं
मेरी नींद में पृथ्वी अपनी संतति के लिए
और आकाश अपने भविष्य के लिए
इतना क्यों डर रहा है
अपने अपनों से इतना क्यों डर रहे हैं

मेरी नींद मेरे सपने में मेरे अपने
मेरे लिए इतना क्यों डर रहे हैं

समुद्र में बिना हवा के पानी हिलोरें ले रहा है
मेरी कश्ती बिना हवा के इतना क्यों हिल रही है

सपने में नींद है, क़ायदा क़ानून
राजसत्ता, कोर्ट कचहरी सब है
तो साहिल इतना आशंकित क्यों है
क्यों उसने अपने तन के सारे काँटे
खड़े कर लिये हैं
बना लिया है सुरक्षा कवच

फूल पराग के लिए
पराग अपने कणों के लिए
डर रहे हैं मेरी नींद में
बिल्ली रास्ता काट रही है
छिपकली गिर रही है सबके बाँए अंग पर
राडार, मिसाइल, कुछ नहीं काम आएगा
मुन्नुलाल।

इससे भी ज़्यादा ज़रूरी है
कि आदमी के मन में छिपे नाग को
पकड़ कर निकाला जाए
और चंगेली में बन्द कर
बीच जंगल में छोड़ दिया जाए।

# छोटे-छोटे लोगों की छोटी-छोटी कविताएँ

छोटे-छोटे लोगों की छोटी-छोटी कविताएँ
छोटी-छोटी जगहों में रहती हैं
सींक भर छेदों, चींटी के बिलों
भुरकी व खोढ़रों में भी
लय बन बहती रहती हैं।

किसी को ख़बर तक नहीं
महाजनों के महाआख्यानों के बिलकुल बगल में
टूटे-फूटे शब्दों में बनती हैं
छंद, मात्रा, अलंकारों से हीन
जीती हैं लयों में ससरती हुईं
छोटे-छोटे लोगों की छोटी-छोटी कविताएँ
कविताएँ हेला, छीपी, रंगरेजों की
प्रजा की, रंक की, भुक्खड़ों और दुक्खड़ों की
अनन्त कविताएँ
जिन्हें कोई लिखे या न लिखे
जिन्हें कोई पुरस्कार मिले या न मिले
अपनी पूरी ऐंठ में रहती हैं
मन्दिर के रागों, देवी के कीर्त्तन, दरबारी मनोरंजन
कविता के महामहोत्सवों से बिलकुल भिन्न
रहती हैं रोज़-रोज़ करती हुई चकनाचूर

काल को अपनी झाड़ू, हथौड़ों व रंग-बिरंगे सपनों से
छोटे-छोटे लोगों की छोटी-छोटी कविताएँ
छोटी-छोटी जगहों में रहती हैं
क़िला हो, दुर्ग या राजमहल
महान स्थापत्यों में करती हुईं छेद
अपने लिए जगह सिरजती हैं
स्वागत उनका होता नहीं
कहीं तोड़ती हुईं—कहीं फोड़ती हुईं
अपनी दुनिया रचती हैं
मंचों प्रपंचों में भले न दिखें
कई बार तो अस्फुट अभिव्यक्तियों में
रहती हैं

कई बार आती हैं शब्दों में
कई बार शब्दों में आने से मना करतीं
प्रायः आएँ, बाएँ, कोने-अँतरे इनारे-किनारे ही
रहती हैं
करघे में, राँपी में, चाकों में, सुए में
कुएँ में
अग्निवन में विचरती हैं
जुड़ती हुई आपस में
महान गीतों को देती हुई मात
छोटे-छोटे लोगों की
छोटी-छोटी कविताएँ
छोटी-छोटी जगहों पर रहती हैं।

# मुख्यधारा

हालाँकि मैं मुख्यधारा में हूँ
पर मुझे हत रही है मुख्यधारा
उसमें रहने का सीधा मतलब है—
जैसे मुख्यधारा सोचे वैसा ही सोचना
जैसे मुख्यधारा कहे वैसा ही कहना

मुख्यधारा में होने का मतलब है
मुख्यधारा जैसा ही रहना,
उन्हीं की तर्ज़ पर लिखना
जब मुख्यधारा हँसे तो हँसना
जब मुख्यधारा रोवे तो रोना
छन्द से छन्द का, ठीक-ठीक मिलना

जब मुख्यधारा अल्पसंख्यक समाजों में रचे नरसंहार का प्लान
तो पवन वेग से कट्टा, छुरी, तलवार चलाना
नृशंसता का वीरोचित गुण गाना

मैं खोजता रहा हूँ कई सालों से
एक छोर, एक पगडंडी, एक सीमान्त
जहाँ बचा रह सकूँ
जहाँ मैं रह सकूँ जीवन्त

मुझे बचाओ
मैं मुख्यधारा में हूँ
मुझे मार रही है धीरे-धीरे
मुख्यधारा।

## राष्ट्रीय कवि

सीधी दिशा में चलने में होती है आसानी
साथ देती है प्रकृति, साथ देता है आसमान
हवाएँ झूम-झूम पथ बुहारती हैं
पेड़, रूख और आरामगाह सब खड़े होते हैं
साथी की तरह नियत यात्रा में
पीर, फकीर, गाय और कनफट जोगी
आज भी चल रहे हैं उलटी दिशा में
मैं यत्न कर-कर के थक गया
पर हमारा यह राष्ट्रीय कवि
बार-बार क्यों कतरा जाता है उल्टी दिशा में चलने से

उल्टी दिशा में भँवर खुलते हैं
उल्टी दिशा में मिलती हैं राज़दार सुरंग
उल्टी दिशा में ही अग्नि की नदी पार करने के तुरन्त बाद
दिखते हैं रत्नों के पहाड़
उल्टी दिशा में ही कामधेनु गाय मिलती है
उल्टी दिशा में ही मिलते हैं
मनोकामनाएँ पूरे करने वाले वृक्ष
उल्टी दिशा में ही बाबा फरीद मिलते हैं
यह ठीक है कि उल्टी दिशा में ज़लज़ले, खाइयाँ, जल्लाद
और ठगों वाले सराय भी मिलते हैं

पर उल्टी दिशा में ही अनहद नाद गूँजते हैं
उल्टी दिशा में ही उठता है अन्तःतम से आत्मप्रकाश
उल्टी दिशा में ही बुझती है मन की प्यास
उल्टी दिशा में ही चल मेरे मन।

## समकालीन

समकालीन हूँ मैं आपका
अगर मैं गोष्ठी में बुलाऊँ
तो कभी आइएगा
कभी मत आइएगा
आ-आके आने से रह जाइएगा
कभी आते-आते रह जाइएगा
बिलम जाइएगा
पर आई.पी.एस. की बीवी के जन्मदिन पर
ज़रूर जाइएगा
उसका आटा पिसवाइएगा
उसका धान चलवाइएगा
उसकी साहित्यिक फसल की रोपनी में
गीत ज़रूर गाइएगा
किसी भी तरह पहुँच जाइएगा
भले ही गिरते भहराते जाइएगा
आई.पी.एस. की बीवी न सही
तो बी.डी.ओ. की साली को ही साहित्यकार
बनवाने पहुँच जाइएगा
अगर किसी बॉम्बे के तस्कर के कविता संकलन का विमोचन हो
तो उसमें तो ज़रूर जाइएगा
पर मेरी गोष्ठी में आने से कन्नी काट जाइएगा

लाल दरवाज़ा नहीं तो छोटा दरवाज़ा
बड़ा महल नहीं तो साहेब की
कोठी ही सही
शक्ति विकेन्द्रित जनतन्त्र ने बनाए हैं
सत्ता सुख पाने के अनेक छोटे-छोटे स्थान
इन स्थानों पर जा, हे मेरे समकालीन
सत्ता सुख पाइएगा
सीधे छुट्टी न मिले तो मेडिकल लेकर जाइएगा
जब कहीं भी ऐसा कुछ न हो रहा हो तो
मन मार
मेरी गोष्ठी में आ जाइएगा
और आकर मुझे लोकल कॉनवेयन्स्
के लिए हड़काइएगा
हो! मेरे समकालीन।

## कवियों की इच्छा के विरुद्ध

उस दिन माँ की मृत्यु के बाद हुए कर्मकांड में
गरुड़ पुराण सुनते हुए मुझे लगा कि
अगर यह दुनिया बन नहीं रही है
कवियों की इच्छा के मुताबिक़
तो सर्वनाश होगा

पूर्ण नहीं हो पाएगा ऐसी दुनिया के बनने का काम!

उनकी मृत्यु के बाद उनकी अतृप्त आत्माएँ
दुनिया बनाने वालों को ज़रूर तंग करेंगी।
दुनिया के निर्माताओ, सदी के नायको
उद्योगपतियो, शेयर बाज़ार के मालिको
भड़ुए, दलालो
तुम्हें तंग करेंगी उनकी अतृप्त आत्माएँ

पीपल पर टँगे घट से उतर कर
अपनी मृत्यु के ग्यारहवें दिन
वे तुम्हारी बीवियों की कोखों को ज़रूर नष्ट कर देंगी
तुम्हारी भावी संततियों पर वे गिरेंगी
पक्षाघात की तरह
और उफनती आकांक्षाओं पर महामारी की तरह

सुनबहरी, सन्निपात, डायबिटीज
और न जाने क्या-क्या
जिससे तुम कर नहीं पाओगे इस दुनिया का उपयोग
डालर, गिल्डर, येन
बैंक, गड़े धन
कार, भूमंडलीय बाज़ार
सब जलकर हो जाएँगे ख़ाक एक रात

अगर यह बात सच है कि
यह दुनिया बनाई जा रही है
कवियों की इच्छा के विरुद्ध।

## एक कवि की बिक्री

तन इतने कम में क्यों बिक रहा है

तन का भाव इसलिए गिर गया कि
तन में रहता है एक संवेदनशील मन
चलो थोड़ी देर तन से मन को निकाल कर अलग
रखते हैं

सम्भव है मेरा कुछ भाव बढ़ जाए
अपना बाज़ार भाव बढ़ाने के लिए ज़रूरी है
कि गहरी क्रूरता, कुछ चालाकी, अनेक प्रकार
के दोहरेपन से अपने को लैस
किया जाए

फिर हो सकता है कि मेरा भाव कुछ
ज़्यादा चढ़ जाए
अगर फिर भी न बढ़े भाव तो हँसते-हँसते
दूसरों को मारते जाने की कला में होना पड़ेगा पारंगत
मैं बैठा हूँ, बिक्री के लिए बीच बाज़ार में

एनाउंसमेंट, पैकेजिंग, सुरक्षा जाँच
लिफ़्ट की सीढ़ियाँ और मास्टर कार्ड

फिर भी कोई मेरी ओर ध्यान क्यों नहीं दे रहा है
एक दिन बीता दो दिन बीता
बीत गए कई दिन
तभी एक दिन प्रेमी-प्रेमिका का एक
जोड़ा आया,

प्रेमी ने कहा सिंहलद्वीप की राजकुमारी
जैसे कई लोग हवाई जहाज में करते हैं
शादी
जैसे एक पूँजीपति अपनी पत्नी को उसके बर्थ डे
पर स्वीमिंग पूल से लैस सतहत्तर
ताले का भवन देता है
वैसे ही मैं इस कवि को ख़रीद
तुम्हें गिफ़्ट देता हूँ
अपने हनीमून के दिन तुम इससे सलाद कटवाना
प्रेमिका ने कहा नहीं मेरे प्राण
मेरा पहला प्रेमी कवि था
इसलिए इससे इतना छोटा काम करवाना
मुझे अच्छा नहीं लगेगा
इतना बड़ा है बिग बाज़ार
चलो, कुछ और देखते हैं
तो लोगो वह कवि उस दिन भी
बिकने से रह गया।

## मेरी लय

मैं कर रहा हूँ लय का इन्तजार
इतने युग, इतनी सदियाँ बीतने के बाद भी
मेरा वजूद तरसता रहा है
अपनी लय के लिए

लय जो शब्दों, भावनाओं, रक्त-मज्जा
और हृदय के अन्तःस्थल में
बहती रहे अजस्र धार की तरह

मेरी सोच, समझ, विचार
सब छितरे हैं इधर-उधर
कौन उन्हें सहेजे, कौन उन्हें सहलाए
कौन उन्हें धार दे लय के बिना,

कालिदास को मिल गई थी उनकी लय
रामगिरि पर्वत पर
पुरवा हवा जो इतनी लय से बहती है
को मिल गई थी लय
मलयगिरि के ठीक नीचे ढाक के वन में
सेमल के फूलों की अपनी लय
सुग्गे के कंठाहार में

मिली थी
चाँद के बारे में शायद आपको पता नहीं
उसने अपनी लय को पाने की बेचैनी में क्या-क्या नहीं किया
गुरु वृहस्पति के यहाँ पानी तक भरा
शुक्र के यहाँ की कितने वर्षों तक तन्त्र साधना
आख़िर में उसे मिली उसकी खोयी लय
पूर्णिमा की रात में चाँदनी में समाते वक़्त

हाथी को पता नहीं था
पर हाथी की लय गजमुक्ता में छुपी थी
सर्प की लय छुपी थी उसके मस्तक के बीच में
रहने वाली मणि में
कास के फूलों को भी मिल गई
उनकी लय
हवा में उड़ते-उड़ते

मैं अभागा
आज तक वंचित रहा हूँ अपनी लय से।

## कविता का छन्द

हालाँकि यहाँ के नागरिक तो सभ्य थे
चौक पर टँगी दीवाल घड़ी भी सभ्य ढंग से चल रही थी
समय से दफ़्तर खुलते थे और बन्द होते थे
नागरिक समितियाँ और जिला सरकारें ठीक ढंग से काम कर रही थीं

किन्तु यह अजब समाज था
जहाँ नरसंहारों के सरकारी आदेश को
मिल गई थी महाकाव्य के रूप में स्वीकृति
और उसका रचयिता महाकवि के रूप में पूजित था
कोई उसे छन्द में, कोई चम्पू गद्य में
कोई उसे सरस संगीत में कर रहा था आबद्ध
कि सिद्ध हो नरमेध और काव्य का नाभिनाल सम्बन्ध

कोई सिंजनी बजा रहा था
कोई उस पर रच रहा था अनहद नाद
सूर्य रश्मियों से कविता का संगीत आ रहा था
जो जितना हिंसात्मक था
वह उतना ही काव्यात्मक था
जो जितना क्रूर
वह उतना ही काव्य मद में चूर
जो जितना छली था, वह उतना ही काव्य का बली था

जनतंत्र के अपमान में था निहित काव्य का सम्मान
जनता और राज्य का सम्बन्ध छन्दोबद्ध
मज़ाक में तब्दील होता गया था
राग रागिनियों में हो रहा था
जनाकांक्षाओं पर कुठाराघात

यह अजब समाज था
जो जितना था व्यूह रचना का गुणी
वह उतना ही बड़ा काव्य शिरोमणि
धनी! काव्य प्रतिभा का धनी!

जो जितना दक्ष था विधानों का करने में अन्यायी रूपान्तरण
उसी ने सचमुच कर रखा था बाह्य का अभ्यंतरण
और वही रसिक था

कपट कुरंग से था जो जितना सुसज्जित
वह उतना ही था जन मन फल से मज्जित
हालाँकि राज्य था, सरकार थी, लोक था, लोकाभियुक्त था
जन था, जन अदालतें थीं
किन्तु यह अजब समाज था
जहाँ काव्य पद पर आसीन थे
कामी, क्रूर, हत्यारे
और नरमेध जहाँ राज्य की कविता का सबसे लोकप्रिय छन्द था
उसी अनुत्तरदायी, अंगभीर, आततायी व्यवहार में
खड़े हुए थे कई गणराज्य
जन समाजों का ख़ात्मा जिनका आख़िरी छन्द था
छन्द! छन्द! छन्द!
सब कुछ छन्द था

जो छन्द नहीं था
वह अघोषित रूप से सेंसर में बन्द था

आप उसे चिट्ठी न लिखें श्रीमंत
पता नहीं आपकी चिट्ठी उस तक पहुँच पाएगी या नहीं!

●●●